U0902364

FÜHRUNGSSTARK
IM WANDEL

Change Leadership für das mittlere Management

轻松做中层

会带团队的人，才不会累到死

[德] 亚里山大 · 格罗斯（Alexander Groth）◎著
杨耘硕◎译

前言　中层领导者的困境

迈克尔是一家大公司的区域经理，他坐在自己的办公室里，精疲力竭，双眼直盯着对面的墙壁。在与自己的部门经理开会时，他们又一次讨论了当前变革进程停滞的原因，讨论的气氛咄咄逼人。迈克尔清晰地体会到了下属领导们的无助感。一个新软件在世界范围内的推广，已将整个行业逼到了混乱的边缘。除此之外，自己最得力的下属领导还在昨天辞职了。得力干将的离开，仅仅是时间问题。由于公司停止招聘，所以他暂时不可能找人来填补这个岗位，他的清单上又多了一个问题。上个月紧张的工作、永不停止的加班、员工们的抵制情绪，终于让他付出了代价。迈克尔身心俱疲，他知道在这段艰难的时光中，他需要在同事面前展现出信心和能量，然而这两样他都已经没有了。变革的整体进程仿佛已经搁浅。他看了一眼表，知道自己马上要和企业工会见面了，但针对这次约谈，他又是毫无准备。迈克尔一边叹气一边问自己，如何才能把这一切撑下去。

就像迈克尔一样，很多管理者都置身于变革的进程中。虽然这些进程经常会被贴上积极的标签，如力量（POWER），胜利（WIN）和快乐（FUN），但没有人会在变革执行的过程中感受到这些元素。

在变革的过程中，中层领导者往往要同以下五类困难做斗争：

内心的撕裂：中层领导者的任务是要将上级布置下来的变革贯彻到自己的领域或部门中。这时，他作为榜样，必须要让自己的行为具有模范作用，并为他人带来正能量。然而真实的情况却是，领导者往往自己都不信服变革措施本身或措施的执行方式。变革之所以要执行，也许仅仅因为上级领导层在过去犯下了大错，而现在下属必须要承担错误的后果。领导者怎么才能以令人信服的方式，充满热情地向下属传达这些变革措施呢？作为领导者，我们必须要忍受这种内心的压力。此外，我们还要学会如何扮演“坏消息传达者”的角色。

来自上下级的压力：中层领导者会觉得自己就像三明治的夹心一样，因为他们会感受到来自两端的压力。上级领导层希望贯彻执行大量的变革，并经常会制订不切实际的时间计划，而一旦遭遇延迟，上层则会对此表现出不解，并施加更大的压力，以便能够加速变革的进程。相反，下属却找不到任何理由来改变自己，或去调整那些运转顺利的工作流程。即使能够找到一个改变的理由，在执行的过程中，下属的动作也会比预期要慢，最终导致进程的延迟。下属期待中层领导者将他们在工作实践中发现的，亟须改变的事项传达给上层，并争取到切合实际的时限。如果中层领导者将上级的压力直接传递给下属，那么下属员工一定会做出愤怒的回应，并放慢变革的进程，直到变革彻底停滞。中层领导者必须要在上下级之间沟通，并在恰当的时间为变革进程增速或降速。

巨大的阻力：那些让下属无法完全理解的，并让他们觉得是强加给自己的进程，一定会引发阻力。恐惧、愤怒、悲伤等情绪，不仅会在让人感到不适的变革进程中出现，即使是那些能为下属员工带来积极影响的变革，也同样会引发上述情绪。甚至那些明显能从变革中获利的人，也会做出无理的抵抗，阻碍变革的进行。这一切的后果便是：尽管我们做了很多事情，却无法取得成果。很多领导者虽然能够感受到这种阻力，但却无法在具体的场景中理解下属员工强烈的情绪，并处理这种情绪。中层领导者会认为下属的行为是没有道理的，他们会行使职位赋予的权利来坚持达到自身的目的，因为他们自己也感受到了巨大的压力，然而这种行为会进一步增强针对计划的阻力。

变革之风

缺失的能力：为了能对重组、裁员等困难的进程做出安排，领导者需要知道，一个小组或个人在面对变革进程时，会在情绪上做出何种反应，以及领导者应当如何应对这种反应。谁如果看过《情绪的理性》（*Logik der Emotion*）这本书，那他在面对下属员工貌似无理的反应时就不会显得那么吃惊，而是会表现得镇定自若。通过适当的措施以及正确的交流，这种阻力是可以被提前削弱的。然而一般情况下，无论是在大学里还是在变革领导的相关课程中，此类知识都不会被传授。能够示范性地在实践中运用此类知识，起到"教科书"作用的领导者，在商界实在是太少了。

耗尽的精力：额外的变革项目会让很多领导者感觉不堪重负。过去十年的发展，令如今的领导者在相同的岗位上必须比过去承担更多的工作和责任。每天工作十到十二小时，对很多领导者来说已经是家常便饭，而并非例外情况。很多人已经在个人工作和家庭方面接近"满负荷"。睡眠、运动和放松从几年前开始就已经被压缩到了最少。当今的变革，为已经非常紧张的日常工作带来了巨大的干扰，而与此同时，新任务和出乎预料的问题仍会出现。这意味着额外的压力和更多的加班，也意味着我们的私生活需要承受更大的负担。一旦再出现感情危机、子女关系问题、老人生病或者有房屋需要建造，那这就等同于提前宣告你已不堪重负，随之到来的便是精疲力竭、神经质以及身心两方面的疾病。

你作为领导者必须要能够处理以上所有问题，尽管你同绝大多数同行一样，在这方面都缺乏详细的策略。这本书将会让你借助大量实例来掌握执行变革时所需要的技能。本书从始至终都以领导者的需求和困难为导向，借助多年来与各个层面的领导者在变革过程中合作的经验，我知道了绝大多数领导者都会反复遇到一些同样的问题。书中每个章节都会对以下十个问题中的一个进行分析：

1. 为什么越来越多的变革计划会在越来越短的时间间隔中出现？

2. 为什么员工在变革的进程中总会表现得不理智？

3. 我该如何处理自己以及员工的情绪？

4. 我如何才能让员工迈步前进？

5. 我该如何对阻力做出正确的回应？

6. 在旧制度不再有效，新制度还无法正常运转的时候，我该如何管控过渡时期出现的混乱？

7. 我该如何让变革落地生根，而不是放任所有人又恢复到以前的做派？

8. 在变革过程中，我应当如何交流？

9. 我应当如何对待变革中的失意者？

10. 我如何才能让自己的领域长时间保持迎接变革的状态？

如果书中哪一章讲到了正在困扰你的问题，那么你可以直接从这一章读起。如果你目前在变革执行的过程中已经面临了巨大的压力，那么请首先阅读本书的第五章、第六章、第八章。如果你想迅速改善自己的处境，你可以在这里找到能够被快速应用的策略。

这种章节设计将方便你从任何地方读起，而不受前后内容的影响，书中的参照指引会让你更容易地理解所讲内容。本书会利用浓缩的知识和实用的例子来帮助你从容地把握住变革的进程。作为中层领导者，即使身处在难受的变革进程中时，你也要积极地发挥领袖作用，只有这样，你才能成为受欢迎的变革领导者，并长期保持成功的状态，开拓自己的事业。

目 录

CONTENTS

第四部分 · 不会沟通，你怎么带团队

第五部分 · 高水准的领导力是能够应对长期改革的

第一部分

LEADERSHIP

中层领导力的本质：变革

第一章　当变革的浪潮来袭

越来越多的变革正在涌现，时间间隔越来越短

幸存下来的物种，并非是最强大的，也并非是最聪明的，而是能最早适应变化的。

——查尔斯·达尔文（Charles Darwin，英国生物学家）

作为领导者，你每天都会意识到一点：变革对你生活的影响越来越大。过去，一次针对员工的新安排可以带来多年的稳定，而在今天，接下来的项目马上就开始排队了。

指数爆炸般的科技进步

几个世纪以来，科技的发展速度不断加快。从 1450 年利用可移动的铅字进行图书印刷，到之后在工业时代中发明蒸汽机，人类用了 300 多年。而这之后 150 年，很多家庭就配备了交流电和电话。又仅仅过了 30 年，汽车便已开始被量产。每年地铁在人们的脚下运送着数百万乘客。从这时算起不过几十年，人们就坐上了第一架飞机穿梭天际，和今天一个又一个发明你追我赶的速度相比，先期的科技发明节奏则如电影的慢动作一般缓慢。而

现在我们的知识量开始指数爆炸般地增长，以下要素在此过程中扮演了重要的角色：

· 世界范围内，越来越多的人接受了科学技术方面的培训。在 1650 年，世界上只有一个科学工作者小组，然而在 1850 年到 1950 年间，接受过科技培训的人口数量已经从一百万上升到了一千万；从 1950 年到 2000 年，这个数字又上升到了一亿。过去十年间，仅仅在中国，高校毕业生的数量就上升了五倍，高校的数量也翻了一番。不断提升的计算机性能，让越来越精确的计算和模拟成为可能。如今一台超级计算机可以在一秒钟内完成几千兆次的计算（一千兆 = 十亿）！

· 新型测量工具为我们开辟了之前无法触及的科研领域。显微镜已经可以让我们看见小到 0.1 纳米的细节（一纳米相当于百万分之一毫米）。

· 全世界科研团体范围内，知识的传播已经可以在瞬间实现。在过去，新科研成果的普及往往需要若干年，而现如今，部分成果的传播已经可以在几秒钟内完成，而且每个人都可以调取并继续加工这些信息。

如果越来越多的科学家借助越来越强大的科学技术及运算效率进行研究，并彼此互通科研成果，那么人类知识量增长速度的提升将是不可思议的。

我们人类会适应技术的发展，而不会完全发觉这些变化发生

得究竟有多快，其原因在于，我们只会观察一条指数曲线中的一段，所以这一段看起来像是直线。美国发明家雷蒙德·库兹韦尔[①]（Raymond Kurzweil）将这种现象描述成“直觉线性视角”（intuitive linear view）：当我们每天都置身于变革之中时，我们只能在一定程度上意识到变革。类似的例子便是儿童的成长。家长们几乎意识不到这一点，而每年到访一次的朋友则会为孩子一年中巨大的变化而感到吃惊。请将今天用的智能手机和十年前用的（即往前推五代的）手机对比一下吧。通过日常用品，你同样可以感知到日复一日的科技革新究竟有多么迅速。

① 雷蒙德·库兹韦尔（1948－）：美国科学家、作家、电脑学家和未来学家。

目前的大趋势会影响你的职业领域

接下来几年的大趋势会为我们人类提供巨大的机会，但同样会一如既往地为我们带来巨大的挑战。重要的关键词包括：数字化、性别角色移位、健康、全球化 2.0、个体化、气候变化、移动性、新经济、新型生态、新型工作、安全、银发社会①、城市化。

我们今天只能在一定程度上预测未来这些变化会呈现何种姿态。然而如果我们提出问题，便至少能发现一些趋势。

全球化大趋势：预测一下，如果 2021 年中国和印度人口总数超过了全球人口的 36%，并且两个国家发展迅速，那这将会意味着什么呢？到了 2020 年，世界上每十个高校毕业生中就会有四个来自中国或印度。难道真的像著名的未来学家约翰·奈斯比特②（John Naisbitt）预测的那样，与其将欧洲说成是“世界上经济最活跃的地区”，不如将它比作“亚洲和美洲富人的主题公园”才更贴切？

银发社会大趋势：在 1995 年，德国适龄劳动人口（20–65 岁）与 65 岁以上的老龄人口数量比为 4∶1，2010 年这个比例变成了 3∶1，如果到了 2030 年这个比例如预测般降到了 2∶1，那会出现哪些后果呢？这个进程会对你以及你子女的生活带来哪些影响呢？

---

① 银发社会（silver society）：面临老龄化问题的社会。

② 约翰·奈斯比特（1929 – ）：著名未来学家，美国人，曾于 1963 年被肯尼迪总统任命为教育部助理部长，还曾任约翰逊总统的特别助理。

大趋势会对社会、企业以及你本人产生影响，但我们并不能立即了解这些大趋势，而是在一段时间之后才可以。让我们来看看以下两个你早就能够清晰感受到的大趋势吧：

“全球化 2.0”大趋势：很多企业已经不再局限在本国或几个国家之间，而是在全世界范围内建设发展。“全球化 1.0”带来了巨大的竞争压力。如果过去我们仅仅是和邻居们竞争，那么今天我们的竞争对手已经遍布全球。一些大的行业，如纺织、玩具，以及电子工业，在很久前就已将生产转移到了国外。留守在国内的企业为了能生存下去，必须要以紧凑、高效、低成本的方式生产。而在很多企业中，随之而来的后果便是重组和裁员。由于上下层级关系被精简，今天绝大多数的领导者和十年前的同行相比，要带领的员工要多得多，要承担的责任也会大很多。由于与其他大洲的时差，很多领导者要在深夜或凌晨来主持电话会议。随着“全球化 2.0”的到来，全球的权力中心正在以更大的幅度迁移。曾经的发展中国家影响力会越来越大，而与此同时，过去的超级强国正在失去自己的影响力。

“数字化”大趋势：在过去，蒸汽机、传送带之类的发明就已经引发了变革，它们让一些经济领域彻底消失，同时造就了新的领域。之前消失的工作岗位，在数量上总是能被新增加的岗位填补，然而这一次情况可能会不同。和一些老产业相比，一些在数字领域中资产达几十亿的新企业，如苹果（Apple）、谷歌(Google)、脸书 (Facebook) 等，雇佣的员工数量会少很多，但这些雇员往往报酬颇高。信息通信技术和数字化技术标志着第四次工业革命的到来，以及“工业 4.0”的出现。通过在互联网上建立一个连接了产品开发、生产、运输和客户的智能网络，企业已经将自己控制力中的一部分转移到了计算机网络和客户身上。机器能够彼此交流，并做出越来越多的决策。这种改变会对企业产生何种影响，目前还不好预测。

然而肯定的是，数字化已经并还会持续给整个行业带来巨大的变化，在这里我想举几个例子，这些例子在不久之前都还是令人难以置信的：

· 全球最大的出租车公司一辆自己的车也没有（优步）。

·全球最大的电信公司并未拥有任何基础设施(Skype,微信)。

· 全球最大的房屋介绍服务公司旗下没有不动产（爱彼迎）。

· 全球最大的软件供应商并不开发软件和 App 应用（苹果、谷歌）。

· 全球最大的电影租赁商没开一家影院（网飞）。

· 世界上最大的销售商旗下没有一家商店（阿里巴巴）。

· 世界上最著名的信息供应商自身不生成任何内容（脸书）。

即便我们不是一直都能感知到这类发展的速度，但我们会发现，自己的工作变得越来越紧张，难度越来越高。很多经理会抱怨自己的一天仿佛只剩下了 21 个小时。变革不再是“正常”工作流程的干扰因素，而是成了常态。在未来，变革同样会给你的工作带来强烈的影响，而你不得不越来越快地适应这些变化。

可以肯定的是，变革在你的职业领域中会越来越多。

你也许因为在过去的十年中开创了自己的事业，并常常调整岗位（升职），所以你或许相信，越来越大的工作压力来源于职位的提升和责任的增加。这当然没错，然而横向来看，每一个职位层级所承担的压力也都在增加，这一点不是只有领导者才能体会到。而且无论从哪个方面预测，这种增加的趋势还会继续下去。

变革领导力将会在未来发挥关键作用

如果企业或领导人不仅能比别人更快地适应变革，甚至还能主动推动变革，那么这类企业和领导人一定会在国际竞争中占据优势。作为中层领导，有一项能力是你无论如何都要掌握的，那就是带领下属穿越变革的进程。所以，变革领导力对你的领导生涯而言，将成为一个十分重要的甚至是具有决定性的课题。变革领导力将会在未来发挥关键作用。

在本书中，“变革领导力”(Change Leadership) 这个概念，背后究竟隐藏着什么呢？这个概念和“变革管理”（Change Management）有什么区别呢？“变革管理”往往是指在企业的层面上随着变革前进，而“变革领导力”则指的是一种带领手下员工完成变革的具体能力。绝大多数关于变革管理的书籍都会针对企业的全体员工或企业的外聘顾问，在这些书中，我们几乎总能读到譬如如何创造出一片景象，如何组织大型团队活动一类的内容，然而你作为中层领导者，却经常会得到来自上级的指示，要执行如降低成本之类的让人感到压力的变革。在中层领导者看来，诸如“创造新景象”之类的建议在这种指示面前是不现实的。同样道理，组织大型团队活动，对你也没什么实际意义。而其他一些话题，如如何应对情绪和阻力、变革中的交流技巧等，对于中层领导者而言则更加有益，但在大量的变革类书籍中，这类话题占据的篇幅非常少。作为变革领导者，你必须要掌握这些内容，所以本书不会分析处于企业层面的变革管理学，而是会讲到具体的变革领导学。

变革领导力主要和情绪相关联，它不仅包含了处理情感的能力，还包含了主动激发情感的能力。随着时光的推移，人们已经推翻了曾在经济领域中盛行的、被视为经典的“经纪人”[1]形象，即一个行为方式受到理智约束，行为可以被清晰预测的形象。针

① 西方古典经济学中的“经纪人”（希腊语：homo oeconomicus）假设认为：人具有完全的理性，可以做出让自己利益最大化的选择。

对大脑的研究告诉我们，我们有超过 90% 的决策都是借助感性做出的，而之后在自己和他人面前理性地捍卫这些决策。

组织方面的大型变革计划往往是由上层领导决定并设计的。这些在绘图板上勾勒出来的变革计划，从纸面上来看结构清晰、符合逻辑。为了最终能够产生精确的、可预测的结果，变革的进程也得到了精心的设计。轨道已经铺好，现在列车应当载着全体组员一齐驶向更高的目标了。

但变革之路肯定不可能从始至终都一马平川。变革进程对参与者而言，更像是一条有高峰、有低谷的过山车轨道，有时候甚至还会伴随着不间断的厌恶感。

然而在实践中我们会观察到，不同员工对变革的反应会有很大不同，他们有时也会展现出不理智的、不符合预期的行为。下面这个比喻将会告诉你这种差别究竟有多大：

我们首先借助一个足球队的故事来类比一下领导和下属是如

何从自己的立场出发来感知变革的。球队的教练(领导)和球员(下属)会对球队中的变革有什么样的感受呢？在足球运动中存在着针对每名球员的清晰规则，球员们清楚自己的位置，以及同自己位置相关的任务。所有人都会信任自己的队友，并相信教练做出的指示。

教练依照俱乐部经理的计划制订了一套新战术，为了提升球队的战绩，这套战术将会改变球员的站位布局以及比赛方式。教练觉得自己已经用清晰的、毫无争议的方式与球员进行了交流，而在实际执行战术的时候，只有一部分球员向前推进，另一些球员虽然也在场上踢球，却表现得不怎么投入，还有些球员心不在焉，很轻易地丢球，或者犯下其他一些令人无法理解的错误，而剩下的人则在场上袖手旁观，几乎不跑动。对手当然会利用这些机会发起一波又一波有威胁的进攻。教练和俱乐部经理都对此无法理解。

而在球员的眼中，情况则显得完全不同。在一个赛季进行的过程中，一支运转良好的队伍和一套行之有效的战术被无缘无故地改变了。新战术以及对球员的期待都没有解释清楚。这些无助的球员们能够清晰地观察到教练和俱乐部经理的反应，并尝试着揣测他们的新计划。而对在执行变革时产生的问题和迟疑，教练表现得尤其焦躁，因为他觉得一切都已经解释清楚了。一些最好的球员会在赛季中期转会到其他球队，还有一些球员会结束自己的足球生涯，但他们却无法被替换，因为替补席出于经济原因必须被清空。有时候甚至教练员都会在赛季进行中被解聘，这会让球队的迷失感进一步加强。这之后，新的教练会出现，他会发出新的指令，而这些指令中的绝大部分依旧让人无法理解。

在变革过程中，这一切都再正常不过了。如果球员们能够如往常一般在场上团结一致，奋勇向前，那么球队当然更有可能赢球，俱乐部也更容易获利。所以教练必须首先明白，为什么球员会消极地在场上比赛，而不是如计划中的那样努力。

在领导者看来，下属面对大幅度的变革时总会做出非常情绪化的、不可预知的回应。但实际上，我们是可以从下属的行为中找到一些套路以及隐藏在情绪中的“理性”的。身处在公司这支“球队”中，你首先应当清楚，在变革过程中哪些让人觉得不舒服的情绪将会出现，以及你作为领导者，如何行动才是有意义的。如果缺乏这些知识，你便会对大量来自员工的反作用力感到惊讶，而这会大大降低你快速高效推进变革的可能性。

在下一章中，你将首先了解在员工一方可能会出现的群体性情绪。

本章总结：

1. 技术的进步速度如指数爆炸一般。

2. 大趋势将会影响到你的职业领域。

3. 变革领导者将会在未来发挥关键作用。

第二部分

LEADERSHIP

中层领导力的核心：处理情绪

第二章　当团队遭遇“情绪过山车”

在看似无理的行为背后，究竟隐藏着何种逻辑

对于努力的最高奖赏并非努力之后得到的东西，而是我们在努力过程中的自我提升。

——约翰·罗斯金（John Ruskin，英国作家、社会变革者）

请设想一下：

你晚上回到家，脑子里还想着白天的工作。推开家门时，你发现地上留了一张纸条，上面写着：“我要离开你。”

你会做何反应呢？震惊？在震惊之后呢？我们人类究竟会如何应对这些意味着改变的，令人不快的“新消息”呢？在本章我们会研究这个问题。你将了解“情绪逻辑”，借助这个逻辑，你将会在今后更好地理解下属员工在诸多变革过程中做出的不理智行为，并能够泰然处之。和本书其他章节相比，这一章会显得有一点理论化，但正如心理学先驱之一库尔特·勒温[①]（Kurt Lewin）曾经所言一般：“没有什么是比优秀的理论更加实际的了。”本章介绍的模型将成为理解情绪化行为的基础，无论这些行为是来自小组还是个人。很多领导者都已证实，这种模型能够在很大

① 库尔特·勒温（1890 – 1947）：德裔美籍心理学家，拓扑心理学创始人，实验社会心理学先驱，格式塔心理学的后期代表人，传播学的奠基人之一。

程度上帮助他们在实践中做出更好的决定。

为了能够阐释“情绪逻辑”，我设计了“情绪过山车模型”。其他一些所谓的“变革曲线模型”看上去与我的模型相似，却无法让我信服。伊丽莎白·库伯勒·罗斯[①]（Elisabeth Kübler-Ross）曾经研究过人类在面临所有改变中最极端的一种——马上到来的死亡时做出的反应，我将会以她的理论为基础。这位死亡研究的奠基者通过自己的研究工作获得了二十多个名誉博士学位。她发现，面临死亡的人在度过生命的最后时光时，会经历五个带有典型行为模式的阶段。想象一下，某位医生在你毫无心理准备的情况下通知你：“非常遗憾，你得了无法治愈的疾病，很可能在未来的几周或几个月内去世。”那么你会做何反应？库伯勒·罗斯女士描述了如下阶段：

1. 不愿意信以为真（Denial）

病人会相信自己的病历档案被拿错了，或者医生做出了错误的诊断。他拒绝接受这条信息，但同时也感到非常害怕，害怕消息被证实。

2. 愤怒（Anger）

在看到其他的确认信息后，患者接受了诊断结果。他为上帝以及生命的不公而感到愤怒：“为什么是我？为什么不是我那个脾气一直很坏的邻居？”除此之外，他还会对自身感到愤怒，因为自己没有紧凑地安排生活，错过了太多，或者拖延了太多的事情。

---

① 伊丽莎白·库伯勒·罗斯（1926 - 2004）：美国作家，代表作有《用心去活》等。

3. 讨价还价（Bargaining）

如果前路看不到希望，垂死之人会向上帝提出一桩沉默的交易：“就让我逃过此劫吧，我保证今后只做好事。”

4. 沮丧（Depression）

如果一个受人爱戴的人死了，那么每个人都很难面对他的离去并最终释怀。然而患者却不是要和某一个人，而是要和他所有的亲戚朋友道别。同时失去这么多亲爱的人、亲爱的地方，这会让患者十分悲痛。

5. 接受（Acceptance）

面临死亡的人在经历了强烈的恐惧、愤怒和悲伤情绪后，接受了命运。他在一定程度上表现出平静与接纳，这个状态几乎已经与感情无关。

即便你可能会认为，与企业或私生活中的改变相比，“死亡”这个例子显得有些夸张，但在面临死亡时出现的这些阶段，与其他变化中出现的阶段是相同的。绝大多数变革过程都会包含一个小的“死亡过程”，因为人们往往要同一些自己喜欢的东西，比如习惯、幻想、他人、环境、地点和任务等永久道别，并再也无法挽回。所以，变革中的这些阶段（伴随着每个阶段中强弱不同的情绪）不会有什么差别。在每一次规模稍大的变革中，你都能体会到随之而来的恐惧、愤怒、悲伤等情绪。

我从上面五个阶段中选取了四个，因为在那些不是特别能决定结局的变革中，与上帝“讨价还价”的阶段不会出现。此外，我为该模型添加了一个先期阶段和一个后期阶段，因为在企业中，

“坏消息”并不会完全以出人意料的方式出现，而在“接受”阶段之后，生活还会继续。为了诠释“情绪的逻辑”，我制作了几幅图表，并推导出了你作为领导者会遇到的结果。

这个展现出情绪大幅度波动的模型被命名为“情绪过山车”。你可以在每一次企业变革过程中运用这个模型，无论是事关企业层面的革新，还是仅仅涉及个人岗位的变化。

该模型在私生活中同样适用。本章开篇的例子已经展现了过山车的轨迹。你回到家，发现了这张道别的纸条。你会做何反应？

团队和个人会在变革中经历强烈的感情波动

1. 你将首先度过一个“否定”阶段。当我们看到一条令人震惊的新消息时，我们是不会在第一时间接受它的。我们会吃惊，会迷失方向，会寻找消息不成立或者与我们无关的原因。恐惧的感觉会在“否定”阶段占据主导地位。

“好吧，冷静一下。她会回来的。这种事我们以前也有过。她肯定又去她母亲那里了。睡上一宿之后，世界在她眼里就会不同。明天早晨她就会回来，然后我们再谈谈。总而言之，她现在必须要找到一些更美妙的东西。”

2. 随之到来的是“愤怒”阶段，在这个阶段中，我们不能再对变化持否定态度了。我们怒不可遏，开始寻找外部因素或者他人的责任。出于对变化的抗议，我们会被动地，但有时也会主动地展现出抵制情绪。此时占主导地位的心情是“愤怒”。绝大多数情况下，人们在过了一小段时间之后，也会发现自己同样对目前的情形有责任，所以情绪中也会出现对自己的愤怒。

到了第二天她还是没有回来，也没有打招呼。以下念头开始出现：“为什么她要这么对我？这像什么话？别人不能如此对待我！我现在必须要好好考虑一下，我还要不要拥有这样一段感情了。”除此之外，对自己的愤怒也会慢慢地出现：“好吧，她过去一段时间其实总是在说，事情不能就这么发展下去，一些东西必须要改变。我本应该更重视这些话的。”

3. 几天或者几周之后，这种愤怒就会消失，随之而来的是“沮丧”时期，和沮丧同时出现的还有强烈的忧伤以及挫败感。

他已经明白，她不会再回来。这段感情结束了，房间里的东西也清空了。这段时间，他尝试着用工作和看电视来转移注意力。但他迟早都要面对这段悲伤，并在情绪层面上克服这次离别。他在房子里一个人过周末，谁也不想见。只有当这段悲伤过去之后，他才能对往事释怀。

4. 接下来便是“接受”阶段。这个阶段的主题情绪是“淡定”，即一种平和的、不受感情影响的心态。

“事情就是这样的，我又单身了。”男人开始逃离隐士的生活，他晚上又开始出门了。新的经历可能会出现。

5. 最后一个阶段便是“融入”。这个阶段的标志是感知到周围环境的平稳。人们已经进入了新的环境，直到下一次改变的出现。

新的生活模式或新感情已经成为常态。他当然还会回忆起过去那段感情，但这种回忆已经不会再让他悲伤了。

情绪过山车模型的另外一个阶段便是变革的预兆，以及随之到来的“第 0 阶段”。绝大多数员工（或者例子中那个被抛弃的人）都会经历这个阶段，他们已经意识到并非一切都在最佳状态。目前的情况是：人们好像必须要做点什么，但没人会觉得自己要对此负责，我将这个阶段命名为“自负”。这个阶段中充斥的情绪是冷漠、不在乎。这个先期阶段的好处在于，它让变革在绝大多数情况下不像是从天而降，而是向我们发出了到来的信号，只不过这些信号都被忽视了。如果领导和员工能学会识别这些信号，并在这个阶段承担起责任，那我们就可以通过持续不断的改良工作，在一定程度上避免那些严重的、让人痛苦的变化。

“情绪过山车”会穿越六个分别由某种情绪主导的阶段

在一次变革中，不仅仅是领导者，员工同样也会坐上这辆由六个阶段组成的、伴随着强烈情绪的过山车。“情绪过山车”不是仅适用于个人，它同样适用于经常要共同经历情绪变化的团队。当然，每个阶段的内容会因感知者所处阶层的不同而有所差异。例如在“愤怒”阶段，下属做出的抵抗不是针对最高层的，而可能会是针对你的。在“沮丧”阶段，员工们可能会再一次因为你之前曾经做过的事情而悲伤。但是，每一个独立阶段的过程和情绪是基本相同的。所以，你可以借助这个过山车模型，在一定程度上预测将会发生的情况，以便能够计划应对可能集中出现的情绪。我本人曾经与企业共同经历过那些令人愉快或不爽的变革，这些变革中出现的每个阶段都能被很清楚地发现。它们的顺序一直都是：对未来事件的恐惧，对当前事件的愤怒，还有当人们必须告别自己喜欢的事情时所表现出的悲伤情绪。

为了加深对该模式的了解，我们再来看一个例子，例子中展现的个人改变过程所经历的六个阶段，你也同样经历过。这个例子会涉及一个积极的职业改变，它将证明，“情绪过山车”是适用于所有改变的，包括那些让人感到舒适的改变。回想一下你第一次被升职到管理岗位的时候吧，你很可能曾经坐过下面这辆“情绪过山车”：

0. 自负：也许你作为员工，能力比自己的同事们要强。由于能够不断展现优秀的业绩，你认为自己作为领导者的职业轨迹是命中注定的。“你的一些弱点可能会让自己在面对领导工作时吃不消”这种想法是不存在的。如果有谁是这个职位的不二人选，那这个人一定是你。

1. 否定：伟大的一天终于到来。上司将升职的消息告诉了你，梦想实现了。借助“我已经搞定了其他很多事，这也不会是问题”之类的自我激励的口号，你将那些随着新责任而出现的自我怀疑，比如自己是不是能应付一切，自己会不会被所有的老同事接受等等，全都抛到了一边，然而恐惧感（经理们更愿意将它称为“对工作任务的尊重”）却依然存在。

情绪过山车

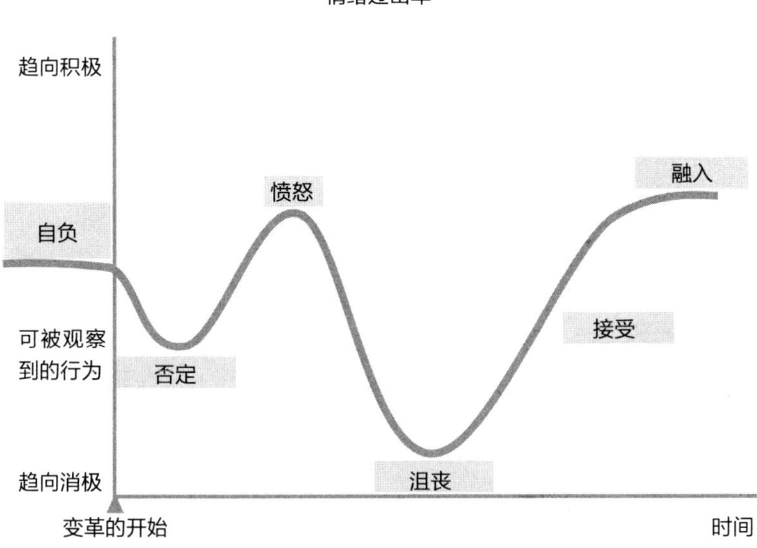

2. 愤怒：你对新工作的设想肯定和现实有偏差，偏差在于你想得太简单了！一个之前就和你关系不是很好的老同事，让你清楚地感觉到了他对你的不认可。在公共会议中，这种不认可会让令人不愉快的场景出现。除此之外，你此前只需要对个人的业绩负责（大家都知道你的业绩很出色）。而现在你作为领导，却还需要把心思花在下属们凌乱的、包含着错误的工作上。下属员工中的很多人显得悟性很差，因为他们总是错误地执行你的指令。你让其中一名员工清楚地知道了自己的感受，而这之后，这名员工就开始死板地按照规章制度来办事。当然还有其他一些场景，让你在事后觉得自己当时本应该表现得更从容一些。你对自己的领导工作和交流方式并不是很满意，这一切都会让你气愤。

3. 沮丧：在过去几周中，你总是能清晰地感受到自己的极限。你觉得自己就像是一只被推进冷水中的旱鸭子，正在挣扎着浮出水面。你不断了解到自己的弱点，并意识到自己虽然一直都是顶级的办事员，但作为领导者却还是菜鸟。在和同事及经理交谈时，你还没有获得一个有经验的同事应当拥有的声望。与此同时，以前那些最能与你合得来的老同事，现在都开始因为你“新上司”的身份而疏远你。上述这一切都会引发强烈的挫败感和悲伤情绪。

4. 接受：你开始接受自己目前的处境，而不再抱怨自己的命运。在经历了强烈的恐惧、愤怒和悲伤的情绪之后，你的心态已经变得平和。是什么样，就是什么样，你知道了自己能做到什么，不能做到什么。你决定去争取能达到的最好的结果，并接受了目前的新角色。

5. 融入：随着时光流逝，你不再仅仅是职位含义上的领导，而是真正成了一位领导者。下属会在某个时间感觉到，你的内心已经进入了领导者的角色，并开始扮演这个角色。你会表现得很从容，因为领导下属已经成为你日常工作的一部分。

这个例子同样展示了一个个体是如何穿越“变革过山车”的高潮和低谷的。

仔细观察了“情绪过山车”图表的人会发现，在一次变革流程结束之后，参与者的行动能力将会比开始时更强，很多员工在变革结束之后，即通过了最后两个阶段之后，的确获得了新的能力。这可能是一些具体的技术，也可能是新的视角以及内心的态度。与变革之前的“自负”阶段相比，在学到新东西之后，人们会因受到激励而去做更多的事情。团队同样可以通过共同克服危机而获得积极的改变，就如同一段友谊或感情在战胜了危机后，会变得更加成熟、坚固一样，积极的改变同样可以在艰难的职业变革中发生。将团队牢牢团结在一起的，往往是共同经历的艰难时光，在这之后，团队将获得前所未有的生产力。正如一句众所周知的名言所说：在每一次危机中都隐藏着一个机会。然而，变革过程中同样存在着风险。如果领导者在变革过程中出现胆怯情绪，或者表现得过于强硬，缺乏体谅他人的能力，那他将会在很大程度上失去别人的信任。最糟糕的结果便是员工在此后只会照章办事。这样的话，员工在结束了“情绪过山车”之后，只会展现出比开始时更低的行动能力。

本例借助六个情绪阶段，为你展示了一次变革的流程。通过将此模型与你亲身经历的或带领员工经历的具体变革进行比较，

你将能够进一步提升该模型的实用价值。你将会确定这六个阶段的确会按顺序出现。该模型同样适用于你个人生活中的改变，如结束一段感情、成为父母，或者搬到一个陌生的地方居住。

在变革的过程中，关于该模型的知识将会让你能够更好地预测员工的行为，并做出合适的应对，从而避免员工过激的反应。

通过典型的行为模式来辨识情绪阶段

每一个情绪阶段都会伴随着典型的行为模式。在下面几页中，你将会找到以下三个问题的答案，这些问题将会展现每个情绪阶段的特点：

1. 在某个阶段中，哪种普遍情绪将会在变革参与者中占据主导地位？

2. 哪些想法将会在这个阶段中影响你的下属？

3. 在这个阶段中，你的下属将会展现出哪些典型的行为方式？

员工们积极或消极的行为（见“情绪过山车”图表的纵轴），将会首先帮助你判断员工正处在六个阶段中的哪一个。在“否定”和“沮丧”阶段中，员工会明显展现出消极的情绪，相反，在“愤怒”和“融入”阶段中，员工则会表现得尤其积极，而在“自负”和“接受”阶段中，员工则会表现得比较正常。

在这之后，我将会针对下面的问题提出建议：在每个阶段中，你作为领导者能够为员工做些什么？

第 0 阶段：（变革到来之前的）自负	
情绪	无所谓
想法	“没人能把我怎么样。” “这里必须要有人做些工作。” “这不是我的问题。”
行为	· 员工们会忽视那些必须要被改变的状态。 · 他们会把不作为的后果抛到一边，而不是仔细考虑后果。 · 责任会被拒绝。
第 1 阶段：否定	
情绪	恐惧
想法	“这不是真的。” “这不会波及到我。” “事情不会如此糟糕的。”
行为	· 员工们会感到震惊和手足无措。 · 他们会寻找事情不会发生，不会轮到自己身上，或者一切都不会很糟糕的“证据”。 · 他们表现得消极、迟缓。
第 2 阶段：愤怒	
情绪	愤怒
想法	“这太糟糕了。” “别和我 / 我们扯上关系。” “XX 是有责任的。”
行为	· 员工们被激怒了。 · 他们会做出积极或消极的抵抗。 · 有过错的人要被找出来。
第 3 阶段：沮丧	
情绪	悲伤
想法	“再也不会像以前一样了。” “过去的一切都更好。” “我不想干了。”
行为	· 员工们意识到了变革将会给他们本人带来什么后果（他们对此心知肚明）。 · 已经出现的或可以预知的损失将会成为被感知的重点。 · 人们开始做出克服沮丧的努力。

第 4 阶段：接受	
情绪	镇定
想法	“事情就是这样。” “我们争取最好的结果。” “我们来克服它。”
行为	· 能量会重新出现。 · 新的行为方式会被尝试。 · 经验会被积累，错误会出现，但第一批成果也会出现。
第 5 阶段：融入	
情绪	平和
想法	“我们这么快就能适应！” “过去曾经有什么不同吗？” “最终看来，这样还是不错的。”
行为	· 幽默元素会重新回来。 · 员工们感到放松，并重新获得了安全感。 · 他们甚至会在一定程度上对做出的成绩感到骄傲。

参与者们经历这些阶段的方式会有所不同

我借助“情绪过山车”的阶段性模型，推导出了你的变革进程可能造成的结果，这同样会帮助你更好地理解特定的行为模式，以及做出更好的应对。后文中描述的现象将会解释，为什么个别员工会表现得与小组中的其他员工不同。

员工走过变革阶段的速度不同

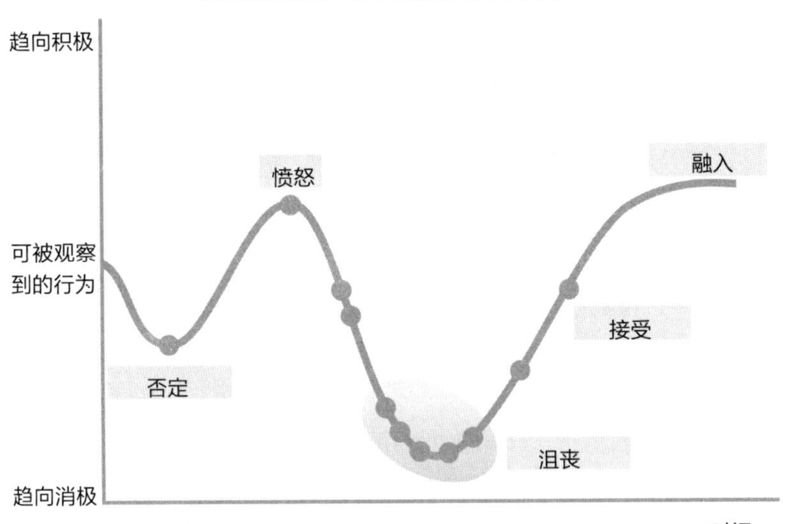

当变革发生在某个领域或部门中时，小组中的绝大多数人会共同经历“情绪过山车”。然而你将会观察到，在变革的过程中，一些小组成员在经历同样的冲击时，他们的“情绪过山车”将会有所不同——有些人会在开这辆车时拉着手刹，而另一些人则会全速前进。这意味着你需要单独观察并衡量每一个员工。但如何才能确定员工目前所处的阶段呢？上文表格中的可被观察的行为，将会为你提供指引。我们假设员工目前表现得比较消极，总是退缩。从表格中来看，他要么进入了“否定”阶段，要么进入了“沮丧”阶段。一个提示信息是：你是否已经感受到了他的“愤怒”阶段？

员工处在上述哪个阶段，对你的行为将会产生很大影响。我们必须要区别对待那些处于“否定”阶段和陷入“沮丧”阶段的员工。两类员工都会表现得消极，但当员工处于“否定”阶段时，你要仅仅给他留出很短的时间，来让他度过此阶段，因为在这个阶段中起主导作用的恐惧情绪会引发麻痹感和无助感。要想帮助他，你必须清晰地向他传达变革到来的消息，并为他安排短时间内必须执行的任务。相反，在“沮丧”阶段，你要给员工留出足够的时间，以便他能处理充斥在脑海中的情绪。

员工走过变革时的情绪强度不同

如果你要执行一次组织方面的变革，那么每个员工经历的震荡将会不同。在一个人失去了自己最喜欢的头衔，并很大程度上失去了威望的时候，另一个人也许只需要改变一下已经习惯的办事流程。所以员工经历的“否定”“愤怒”和“沮丧”阶段，其程度将会不同。

除此之外，每个人的背景经历也会有所不同。如果员工中的绝大多数在过去经历过企业的变革，并在此过程中被错误的承诺欺骗过，最终对变革失望，或者他们必须在几个连续到来的变革中交出自己的好处和福利，却并没有再得到什么。这种不断重复的“输家经历”会留下伤疤，这会导致情绪在某个阶段中出现强烈的甚至极其强烈的震荡。而作为上司，你对员工背景经历的了解是有限的，所以你有时很难理解员工的情绪反应。

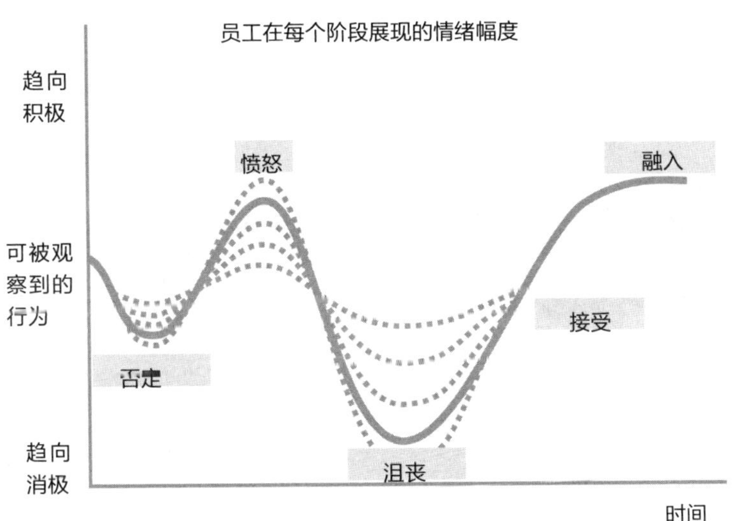

员工可能会重新回到之前的阶段中

你的员工在乘坐这辆过山车时，有时不会一下子滑到底，而是会转 8 字弯，并重新经历之前的阶段，这将会导致令人始料未及的情绪波动。比如你的一个员工可能会在“沮丧”阶段中，觉得自己的悲伤情绪太严重，当这种感觉过于强烈时，他会将情绪转变成愤怒，即重新回到了之前的阶段。这种反复可能会非常令你吃惊：一个昨天还被忧郁笼罩的员工，今天就开始表现出潜在的攻击性。还有一种可能是，员工会不断走进对变革各方面的否定中去，针对这样的员工，你一定要在必要的情况下，通过再一次列举事实来帮助他走出“否定”阶段。已经进入“接受”阶段的员工，也有可能由于多次尝试学习失败，而再次回到“沮丧”阶段，这时你需要让员工重新鼓起勇气。

之前阶段的重复

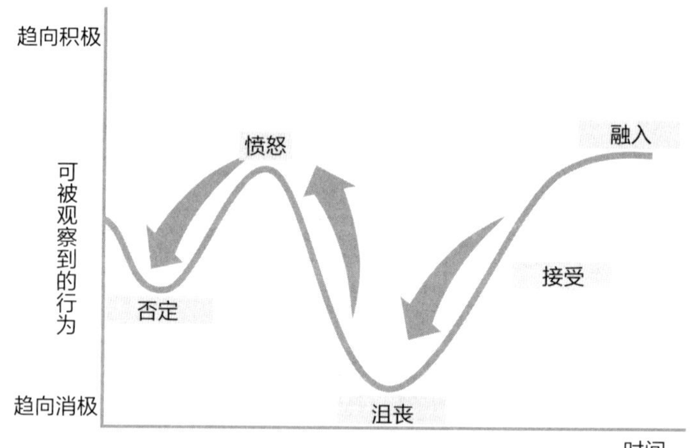

员工可能会陷入某个阶段

个别员工长时间停留在某个阶段，这种情况是有可能发生的。因为变革已经开始执行，所以“否定”阶段一般都会在一段时间之后，随着变革的推进而结束。但是，员工可能会停留在“愤怒”或“沮丧”阶段，因为他不能或不愿意接受变革，这时你就必须要和员工谈一谈了。在对话中，你要清晰地告诉员工自己对他的看法，以及他的行为会带来哪些长期后果。有时候，员工就是不能或不愿与他人共同面对新的发展方向或文化元素。在不得已的情况下，你必须要让这样的员工离开，不过在此之前，你必须要认真地争取让他加入到变革中来。

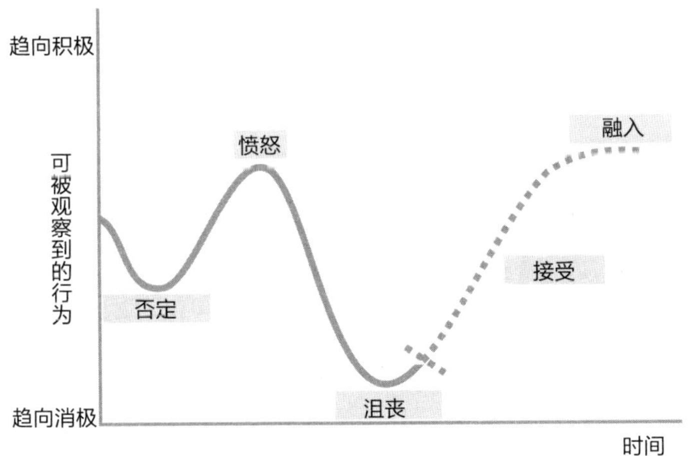

不同层级走过各个阶段所需要的时间不同

变革计划往往是由顶层管理者确定并发起的，所以他们会首先坐上“变革过山车”。由于计划是他们自己发起的，所以他们成功经过的速度会相对快一些，遇到的内部阻力也会更小。经历一段时间的延迟之后，中层管理者才会得知变革的计划，所以他们坐上“情绪过山车”的时间也会更晚一些。由于中层管理者并没有亲自制订计划，也常常没有被考虑进计划中，所以他们度过每个阶段的时间要久一些。虽然没有共同决策权，但他们在执行过程中至少还有一些组织安排的权利。处于金字塔底层的员工是最晚被告知变革计划的，登上“变革过山车”的时间也要比顶层

各个层级不会同时走过各个阶段

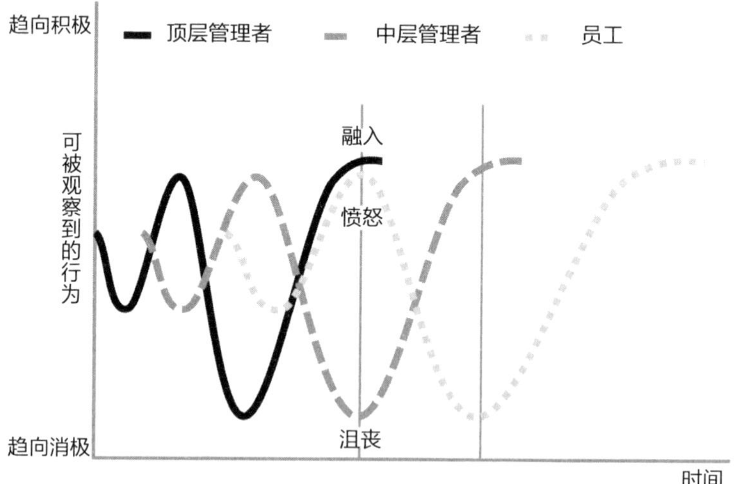

管理者晚很多。由于他们常常既没有共同决策权，也没有安排计划的权利，所以变革会让他们觉得尤其不爽。他们觉得自己完全被别人决定了，这会导致他们在每个阶段，乃至整个旅程的用时都会被明显拉长。

这会造成如下后果：不同的层级会在不同的时刻经历各个阶段，他们前进的速度也不尽相同。比如当顶层管理者已经进入“融入”阶段时，而中层管理者和员工们则还分别在“沮丧”阶段和“愤怒”阶段。在一个已经受到变革激励的顶层经理眼中，中层经理表现得消极、沮丧，而员工却表现得具有攻击性。而当中层经理终于来到了“融入”阶段，即已经掌握了新的行为方式，或者至少愿意去主动执行变革时，他手下的员工还处在“沮丧”阶段中。这会导致一个层级无法理解其他层级的情绪、需求以及行为方式。

过多的变革会导致麻痹

如果员工在短时间内身处于过多的变革之中，那这将会导致抗拒、精疲力竭，以及一定程度上的主动攻击行为。问题的原因主要在于，通常会带来积极心态的“接受”和“融入”阶段将会失去它们的建设性作用。恢复所需的时间被中和掉了，因为员工在一次新的、让人不舒服的变革中又重新经历了“否定”和“愤怒”阶段。如果这种事持续不断地发生，员工将会陷入一个无解的8字循环：否定—愤怒—沮丧—否定—愤怒—沮丧……

如果你作为领导者，要连续同员工一起经历几个变革进程，那么即便时间紧、压力大，你也要在变革中停下脚步，赞赏已取得的成就，并在必要时庆祝一下。这是很重要的，这么做的目的是为了让员工能够意识到自己的成就。这样，消极的 8 字循环至少可以暂停一小段时间。我曾经和一个大企业的某个部门打过交道，我发现在这个部门中，生活的乐趣和能量是完全不存在的。在我提及这一点时，一位员工曾对我说："我们在过去四年中已经经历了五个不同的经理，他们每个人都想重新规划一切。"这个部门中的员工显然被困在了消极的 8 字循环中。

当变革过于频繁时，情绪会陷入消极的 8 字循环

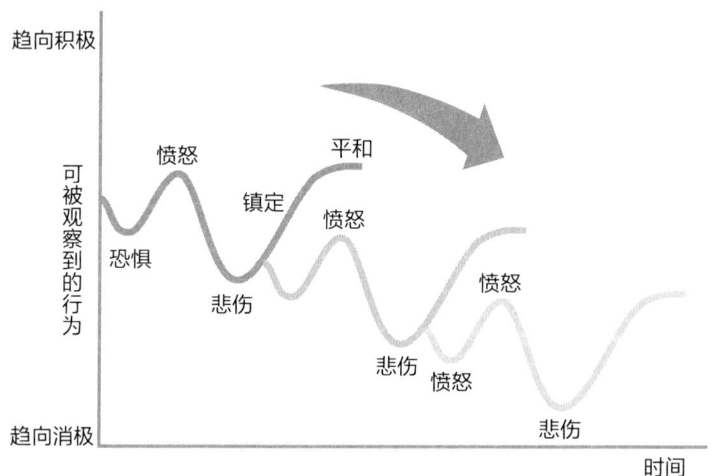

读过这一章，你应当大致了解了个人和小组在面对变革时会有何反应。你知道了在每个阶段中最值得推荐的应对方式，以及

在这些阶段中会出现何种情绪。下一章将会为你推荐具体的行动指南，让你能够处理集体和个人的情绪反应。我们接下来会探讨一个问题：如果员工们因为找不到任何值得认真思考的变革原因，而完全不接受变革，那这时你应当做些什么？换句话说：当变革的必要性已经被你发现，但还没被员工认可时，你要如何将员工争取到变革阵营中呢？

本章总结：

1. 团队和个人将会在变革中经历强烈的情绪震荡。

2. “情绪过山车”由六个阶段组成，每个阶段都会被一种情绪所统治。

3. 请通过典型的行为模式来识别每个阶段。

4. 员工走过变革的速度有快有慢。

5. 员工走过变革时的情绪强度不同。

6. 员工可能会重新回到之前的阶段。

7. 员工可能会陷入某个阶段中无法前进。

8. 不同层级经历各个阶段所需的时间不同。

9. 过多的变革会导致麻痹。

第三章　当所有人都几乎失去了理智

你应当如何处理自己和员工的情绪

生活中一半的错误都来自本应理性时的感性，以及本应感性时的理性。

——约翰·丘顿·科林斯

（John Churton Collins，英国教授及文学批判家）

你有没有跳过这一章不读的念头？“如果所有人都失去了理智”，这听起来挺有意思的，不过情绪这个主题真的已经被说烂了，不是吗？完全不是！这一章会讲到绝大多数领导者面对的核心问题。在变革中，员工会感到恐惧、愤怒和悲伤，但实践证明，很多领导者在正确处理员工情绪方面存在着很大的问题。如果领导者试着驱逐、排挤、拒绝承认那些源自自身的消极情绪，那他一定也不会恰当地回应来自员工的情绪。可如果你想达到自己的目标，这方面的技能是必不可少的。在这一章中，我们将会研究两方面内容。首先，你作为上司，应当如何面对来自自身的这三种情绪（恐惧、愤怒、悲伤），才能维持住你的榜样角色。其次，你将了解到，如果员工在变革的各个阶段出现了这类强烈的情绪，你应当如何应对。

请面对自己的恐惧

即便是领导者也会害怕！然而就算是面对自己的时候，领导者也不愿意承认这一点。很多领导者会排斥自己的恐惧，从一定程度上来说，他们并没有意识到自己在害怕。绝大多数小男孩都会有条不紊地排挤掉那些和“弱小”相关的消极情绪，包括悲伤和恐惧，因为他们受到的教育就是这样的，而且周围环境也会给他们打上这样的烙印。所以很多成年男人都会觉得，发现并坦白承认自己的恐惧是很困难的。

我曾经真切地体验过这种对恐惧的排斥。那是在我 32 岁的时候，一个享誉盛名的精英学院曾经委托我开展一个为期两天的继续教育活动。这个学院过去只会邀请有声望的大学教授、知名的演讲者以及德国股指上市公司的董事长。我的听众都是有经验的领导者，他们几乎全都至少比我大 10 岁。此外我还得知，有两个非常有经验的、专业知识十分出色的讲师曾经在这个学院“栽过跟头”。经过评估，他们后续的授课计划被取消了。尽管我获得了优质的推荐，但项目的负责人还是担心我经验太少，他告诉我，为了在必要的时候能够迅速“接盘”，他将作为带有批判精神的观察者全程参与。我那时当然非常紧张，并进行了十分谨慎的准备。在活动开始几天前，我每晚都会从睡梦中惊醒两次，全身都已被汗水浸透。直到那时我才意识到，自己已被强大的恐惧感所笼罩，而不仅仅是像之前想的那样“有些”紧张——让自己蒙羞的可能性是巨大的。我已经无法再否定那种之前一直不肯承认的恐惧。恐惧感令我夜不能寐。我很惊讶自己过去一直都在逃避这种恐惧，我甚至想了一下，要不要退出整个活动，这时我的脑海中突然出现了马克·吐温①(Mark Twain)说过的一句话："勇气意味着抵抗恐惧，克服恐惧，而不是逃避恐惧。"这是我一次展示勇气的机会。我开始面对自己的恐惧，开始思考如果失败，最惨的结果会是什么。在让内心接受了可能出现的后果之后，我开始从精神上准备这次考验。我已经准备好上台，如果结局是失败的话，那我也做好了接受的准备。剧情的结局是：项目总管在观看了两个小时之后轻松地离开了活动现场。两天过后，我获得了非常出色的反馈，这些反馈是该项目全部四个模块中最好的。

① 马克·吐温（1835－1910）：美国著名小说家、演说家。

在面对这些风险时心存恐惧是非常正常的，但如果你不去承认并面对自己的恐惧，而是排斥恐惧，那么恐惧会一直存在，而你也会表现得如此。假如我没有在活动之前让自己明确知道心中的恐惧，没有接受恐惧，那么那些有经验的领导者将会感受到我的恐惧，然后借助隐藏在表情中的微小信号将这一点反馈给我，我的登场可能就会失败。

在变革的过程中，领导者同样会害怕。

我还能回忆起在作为某大公司的外部顾问时经历过的一次公司裁员。在一次活动中，我首先要向自己的“上司”们讲解如何以专业的、尊重员工价值的方式来进行解雇谈话。该公司减员时的选择策略，使得无论是老员工还是新员工，无论是业绩最好的还是最差的员工都有可能被转送到离职者接纳团体中去。这种特有的裁员机制，导致领导者可能不得不裁掉一名55岁的、在部门中连续多年业绩都是最出色的员工。如果领导者已经认识他20年了，知道他是家里唯一的经济来源，还有两个正在上大学的孩子，房贷还没有付完，并且他会因年龄原因而几乎无法再有入职的机会，那么传递这条消息将变成一个沉重的负担。还有一件事让形势更加严峻：在企业的另一个部门，有一名员工在离职谈话后跳楼自杀了。每个人都知道这件事，每个人都害怕这种绝望中的行为会再一次出现。

在这次活动中，人们几乎可以伸手摸到那种堆积在领导者身上的、对解雇谈话的恐惧，以及他们在与有贡献的、被他们欣赏的员工道别时那种无声的悲伤。不少人在说话时眼睛都湿润了，声音也开始哽咽。然而值得注意的是，谁也没有从嘴里说出“害怕”这个词。他们都很客观地提到了对员工反应的顾虑，以及对员工工作的尊重。直到我让他们明白了，恐惧是生活的一部分，是完全正常的，他们才开始敞开心扉，开始主动承认自己也曾感到害怕。感受并承认恐惧会化解我们的压力。看到别人也同样如此，这会有助于领导者处理这类情景，以及自己内心的无助感。我们谈到了一点：即使在同一位有贡献的员工进行解雇谈话时，情绪也可以被流露出来。员工应当看到，他的离开对上司来说并非无所谓。流露出自己的情绪和以专业的方式引导谈话，这两点并非是互斥的，而是互补的。

很多领导者都乐于通过转移注意力来避免让自己感受到恐惧。一旦恐惧感开始在意识中出现，他们会很快打开邮件来阅读。通过让自己忙碌来转移注意力，是一种我们很愿意使用的模式。这么做的代价便是失去真实的自我，以及在可以预料到的糟糕时间点出现情绪爆发。

很多处于裁员阶段的大企业中的领导者并没有参与过这类培训，他们会将自己的恐惧一直排斥到解雇谈话到来的那一天。他们会在谈话即将开始的时候才意识到，自己的恐惧是如何占据上风的。心跳加速，大汗淋漓，这些他们再也无法否认。为了不让员工看到自己内心强大的不安全感以及情绪波动，他们会专注于对信息的单纯转述。你可以大致设想一下这样的场景：一个卓有贡献的、几十年来都全身心投入企业工作的员工被叫到了上司那里，他的上司请他就座，然后开始面不改色地说：“你被解雇了。

这是解雇书，请在这里签收……谢谢。我们会再联系你，你现在可以走了。”如果员工这时觉得自己被冰冷地解雇了，并将一切过程详细地讲给剩下的员工听，那这可太正常不过了。这件事在极大程度上会令上司失去了员工团体的信任。作为领导者，只有通过人性化的、成熟的领导行为，你才能赢得尊重和信任，做到这一点的前提便是对自己情绪的了解以及批判性的自省。

这一切对你来说意味着什么呢？如果你作为上司要执行一个令人反感的变革，那你很可能将会对此感到恐惧。恐惧会警告我们存在的危险，而在变革中总是存在着很多的危险：

· 你可能会部分失去，甚至完全失去员工的信任。

· 你的行为可能会引发员工的抵制，或者令员工只会死板地照章办事。

· 你将会令自己蒙羞。

· 你将需要面对自己人性方面的局限和不足之处。

· 你的行为可能会严重影响自己的职业生涯。

如果带着对以上某种危险的恐惧进入谈话，那么你的表现将会显得僵硬且无法让人信服。所以，你必须了解自己的恐惧，并接受它，只有这样你才能证明自己的勇气！这会让你的外在表现大不相同。和排斥恐惧相比，如果你决定表现得勇敢，那你就会展现出完全不一样的外在形象。

要让员工清楚地知道将要发生什么，并设立短期内能够实现的目标

还有一个问题是：员工们会感到恐惧而不是担忧。这两个我们在日常交流中会当成同义词来用的概念，在心理学范畴内却会被区分。“恐惧”会被理解为是一种对危险的模糊感觉，这种危险的来源以及出现与否都不明确。而“担忧”却是在面对一个具体的、能被清晰定义的危险时产生的情绪反应，所以人们也称之为“对现实的害怕”。

让我们一起来看看“飞行恐惧”这个例子。谁如果有飞行恐惧症，那他会在每一段航程中都感受到强烈的情绪，直至恐慌，他的身体也会出现反应，如心跳加速、出汗等，尽管从统计学的角度来说，航班坠毁的可能性极低。绝大多数航班的乘客都不怎么会受到飞行恐惧症的困扰，然而一旦航班遇到了强气流，那么几乎所有乘客都会开始对这个具体的、能被清晰体会到的威胁感到担忧。

作为领导者，处理“担忧”情绪会容易一些，因为这种担忧是具体的。比如，当某个部门的员工开始切实担心该部门会因一次变革而被解散时，你可以通过与他聊聊变革的真实计划，或计划中的部分内容来消除他的担忧。当然前提是这次计划的确没有打算解散该部门，并且员工会相信你的话。然而，特别是在变革的起始阶段，当人们展现出的情绪不是“担忧”，而是“恐惧”时，

这种情绪所针对的并非是变革计划的某个具体方面，而是像“飞行恐惧”一样模糊，且不容易被瓦解。

在变革过程中，绝大多数员工会在“情绪过山车”的起始阶段表现出恐惧，这会降低生产力。恐惧的程度越高，我们越无法清晰地思考。如果恐惧太过强烈，那么我们的大脑便只能去处理令人恐惧的场景了。这时，恐惧是否有道理已经显得无关紧要，因为它对大脑的影响是一样的。除此之外，员工们还会花太多的时间在门口和同事交谈正在威胁他们的风险。恐惧会带来停滞、迷失以及不安全感。这种结果以及由此引发的无助状态，会让员工感到极为不适。恐惧及恐惧引发的不安全感带来的另一个害处便是，员工们会回到之前习惯的行为模式中，因为这仿佛能给他们带来安全感，然而这会让变革的执行变得更加困难。

恐惧并非是来自某个具体威胁的，而是人体的一种一般性预警状态。恐惧感可以通过交流被降低（详见第八章）。你应当让自己的员工明白，他们究竟要面对哪些事情。你要以避免误解的方式说明，变革无论如何都会到来，因为在“否定”阶段，很多员工都倾向于排斥（详见第二章）。该阶段中典型的想法包括：“这不会波及到我”或“先等等，看他们究竟会如何执行计划”。在这个阶段，执行的动力不会被释放出来。所以，带领员工尽快走过“否定”阶段以及与之相伴的恐惧是很重要的。

一个可行的方法是尽早为员工提供尽可能具体的信息，这种做法将带来实情。只有这样，你才能防止谣言的产生，才能限制住不明缘由的恐惧，即便你不能完全阻止恐惧的出现。之后，恐惧会在一定程度上转化成担忧，而担忧对你而言则更容易应对。在最理想的情况下，担忧甚至会完全消散。

你已经知道了，应对恐惧的最佳姿态就是让自己了解恐惧、接受恐惧，以及尽管害怕却依旧坚持行动。展示勇气，即面临恐惧也要继续做事，这种做法会为你带来内心的力量，而且你会对外散发出这种力量。员工们将如何应对恐惧，这方面你无法影响他们。作为领导者，你的主要任务是对员工的行动施加影响。

一些员工会在接受了令人不爽的消息之后，陷入一种震惊的状态。这时你不要给员工太多的时间走出这种状态，而是给他们制订针对变革实施的最初步骤，可以在短期内达到的目标。当人们去面对一件事的时候，这件事往往就不那么可怕了。

如果人们有机会说出自己的恐惧，那这将会对降低恐惧感有所帮助。你最好不要直接询问员工他们害怕什么，因为在职场中，“恐惧”还是一个被忌讳的话题。所以你可以在下次会议中询问他们的“疑虑”。和“恐惧”相比，这个概念会显得中性很多，而且也不会给人那么大的压力。

在会议中，内敛的员工以及内心非常不安的员工，在面对关于“疑虑”的询问时可能会沉默。一个更加深入的策略便是开展针对变革的研讨会（Workshop）。在研讨会中，你可以动用“卡片询问法”，即让每个人将自己的“疑虑”写在卡片上，然后再将卡片收集起来。这样，你从内敛的员工那里也可以获得反馈，并看到哪些话题是经常被聊到的。你可以在一定程度上从卡片中推导出员工的恐惧。

探寻自己的恼怒

除了恐惧和忧虑之外，还有其他强烈的情绪会随着变革而出现：生气、恼怒和愤怒。我利用这三个概念来区分这种情绪的强度。与恼怒和愤怒相比，生气是此类情绪中程度最低的。恼怒和愤怒的区别是，恼怒还可以被控制住，而愤怒的爆发在一定程度上已经难以控制了。在变革的进程中，绝大多数领导者会在某个时间节点显得不只是生气而已，但他们还能控制住自己对情绪的反应。他们正处在恼怒阶段。在现实中，我们不常看到领导者倾泻怒火，因为在领导者的文化圈子中，自控是必要的，吼叫意味着没有自控力以及不够从容。

和其他情绪一样，恼怒也会带来信号效应，并会为你提供行动的能量，关键是你如何解读这种信号，并将能量引导到正确的方向上来，让自己更加接近目标。

你应当如何处理自己由于个别员工或员工小组的行为而产生的恼怒情绪呢？首先你必须要清楚，他人的行为只会激发你的恼怒，而并非是你恼怒的原因。恼怒的原因绝大多数情况下都是你对于他人行为的想法或评价。下面这个例子将会告诉你，我是如何因为一件鸡毛蒜皮的小事而在几秒钟内感到恼怒，以及我从中学到了什么。

我开着车，车里坐着我的家人。这时，车停在了一个没有红绿灯的 T 形路口，这个路口通向一条高速路，高速路上的汽车飞驰而过。我的前面停着一辆车，里面的司机一直无法下定决心将车开动。在等了他整整一分钟之后，我的血压开始明显上升。尽管在他前面还有一大段足以让 40 吨重的车加速的距离，那个蠢材还是不敢把车开上高速路。我应该请警察来把路封了，然后再把他招呼出去吗？我对他的评语越来越讽刺。终于，我的妻子把手放到了我的膝盖上，对我说：“亲爱的，别这么激动。”我跟她解释了，人在这种情况下必定会激动。人们不能指望我面对一辆停在路口正中间的车时，还能保持平静。之后，妻子充满爱意地说：“你看呀，前面的司机完全没意识到你如此激动。他正在观察交通呢，而且马上就会开心地继续开车了。现在唯一一个有坏情绪的人就是你了，而且你的情绪还把车里的气氛都搞坏了。”她边说边指了指坐在后座的孩子们，他们刚才一直在一言不发地听着我的骂人话。我突然发现妻子说的是对的，自己感到很惭愧。我的恼怒爆发了吗？当然还没有。也许前面那个人是个新司机，或者出于别的原因感到恐惧。无论如何，我都不应该激动。我的恼怒完全来源于我的观点，大概可以描述成：“只有能够安全并麻利地驾驶的人，才可以开车上路，其他人就请走路吧。”那时，我并没有控制住自己。

负责人在变革过程中做出的那些仓促的评判，其实和上面的例子差不多。如果员工没有执行领导对他说的话，那么领导者的自我意识马上就会出现：“你不能允许自己被这么应付。他是故意这样的。他们会破坏变革的执行。”或者：“这事发生在他身上不新鲜，他一直都是这个样子……”遗憾的是，自我意识在绝大多数情况下并不是可靠的顾问。从表面来看，很多领导者好像都能在内心保持平静（或者至少能重新平静下来），并以专业的、赏识的姿态讲话。然而实际上，这种情况并不多见，因为领导者经常会消极地诠释下属的行为。随之而来的问题是，他们经常会将自己的评价视作现实，并不再进行检验。

员工的行为只是怒气的导火索，而不是原因——虽然很多领导者都在理论层面上明白这句话，但在实践中，他们却很难用上这个道理。生气的原因正是，也会一直都是我们对某个场景的评判。你对某个人生气是有依据的，我并没有试图排除这种可能性。你在某一次对某个员工的行为做出的消极评价，当然可能是100%正确的。你只是不能假设自己的评价一直都正确。即便你觉得自己是一个能够恰当评估他人的人，你也需要花些时间来检验自己的判断。但这需要自省和耐心，这两点在管理工作中都属于稀缺元素。

如果有人在一个轻松的环境中询问领导者，员工不执行措施的原因可能有哪些，他们一定会在很短的时间内想出很多很好的原因，然而可惜的是，在局势升温的时候，在面临着很大的业绩压力时，他们便想不起这些原因了。

我们一旦进入恼怒状态，就会更倾向于借助具体观察到的行为，过于仓促地推断出一个人或一个小组的特性。下面的例子会告诉我们，在接下来的谈话中往往会出现哪三个爆发阶段。

在一次变革中，经理给员工分配了一个任务。这个任务对接下来的项目进程而言非常重要。经理已经感受到了压力，然而员工却并没有意识到任务的急迫性。由于经理一直没有收到来自员工的反馈，他便推测到目前为止什么进展也没有（第一次判断），这令他恼怒。由于员工尽管有时能拿出好业绩，但有时也容易为不重要的事浪费精力，所以经理觉得，这名员工又犯了老毛病，即分不清事情的轻重缓急（第二次判断），这次评价令他更加恼怒，因为项目推迟的原因，“明摆着”就是员工的这种性格。所以，恼怒的上司和员工进行了一次谈话。

第一阶段：对行为的批评

经理：“我请你做 ×× 事，但直到今天还是什么进展都没有。”

员工：“但是经理，我的确是有太多任务了。所以我真的无法再操心这件事。”

第二阶段：对个人的批评（经常会伴随着一些普遍化的词语。例如：“总是”“从不”或“每次”）

经理：“你的意思是其他人的任务就更少？每个人都有自己

的烦恼。如果你在和每个人打交道时都觉得自己被过分地要求了，那我可不敢苟同。你必须要制订优先级。”

员工：“但我的确这么做了呀。我只是不会魔法而已。”

第三阶段：明确或隐晦的威胁

经理：“我们并没谈到魔法。这应当被称作‘项目管理’。你最好明白，你终究得完成这件事，否则后果不一定什么时候就会出现。”

经理针对员工行为的恼怒，导致谈话变得有点儿可怕。谈话的结果是什么？经理发泄了自己的怒气，而员工却被打击了。怎么做能让谈话效果好一些？在每一个让你心烦的行为背后，都可能隐藏着一个合理的，或可以令人理解的原因。但如果你在恼怒之中做出了判断，并将自己的判断看成是唯一的真理，那你便无法了解到背后的原因，也无法找到解决问题的方法。

所以，重要的是先不带评判地告诉员工，你意识到了什么，然后询问员工拖延的原因。即使员工无法提供合理的原因，你的反应也会影响到他接下来的动力。我们假设一下最坏的情况，员工到目前为止真的什么都没做，那你还是可以进行上面的谈话，只是要避免具有破坏性的第二、三阶段。我们再来回顾一下上面的谈话，这一次经理将会以具有建设性的、不带怒气的方式进入主题：

经理：“穆勒先生，我曾经请你费心做一下 ×× 事。直到目前为止我还没有得到反馈。你现在已经能够执行任务了吗？”

员工：“但是经理，我的确是有太多任务了。所以我真的无法再操心这件事。”

经理：“我能理解。目前的工作的确很多，对我们每个人来说都是如此。哪一项任务你可以先放一放呢？”

员工：“我想不出来。”

经理：“好的。那请你静下心来观察一下自己的办公桌，然后再考虑一下。我在办公室里。如果你有了主意，就来找我。××工作真的是非常重要，因为接下来的变革进程是与此相关的。我希望你今天可以着手处理它。”

员工：“这件事可以由别人来做吗？”

经理：“不行，你是最擅长这件事的。除此之外，其他同事也和你一样忙。我们一会儿在办公室见好吗？”

员工：“好的。我想一想。”

领导工作首先意味着不要让别人泄气。这听起来好像是众所周知的道理，但在现实中，情况却恰恰相反。很明显，第二种谈话方式对员工更有激励作用，至少会显得比较中肯。为了能以这种方式领导他人，领导者首先要打造自己，并处理自己的情绪。

请面对恼怒的员工

恼怒的员工对你有哪些期待？我们来做一个思想实验吧。想象一下：你要盖一幢房子，尽管得到了很多次肯定的答复，但一些建筑材料还是没有送到。没有这些材料，工匠们今天无法继续干活。你在工地等了一个小时，只为坐上回家的车，并在半小时车程之后找到供应公司的联系信息。你非常恼怒地给公司拨了电话。在电话中，你想听到什么呢？

1. 你希望有人能接受你的抱怨。如果你联系不到人，甚至出现更糟糕的情况，即没有人对你的诉求感兴趣，那么你的恼怒也许就会转化成愤怒，并被你不由自主地发泄出来。

2. 你期待对方能表达出对你处境的理解，甚至是焦虑。简单的几句话，如“我懂你为什么会生气……我会尽我可能为你处理这件事。请给我一点时间，让我明白问题究竟是什么”就可以让你消不少气。如果你能感受到别人正在为了你的利益而努力，那么你也许就会平静一些了。

3. 你并不期待会有魔力相助，让自己所有的诉求都能在几分钟内被满足，让问题随风消散。

4. 你不想听到类似“请你现在不要那么激动”或“不可能是这样”一类的话，你最不愿意的是对方将出现目前情形的责任强加给你。

我的猜测正确吗？那么请你现在转换一下视角：处于恼怒之中的员工就如同刚才的客户，而你作为上司就好比是接到电话的供货公司。你能够以符合员工预期的方式做出回应吗？请花上30秒钟，以变换的视角将刚才那些期待再读一遍，将前文中的“你”换成“员工”。

带着诉求的员工首先想要找到一个人。他们希望有人能倾听他们，认真对待他们的恼怒，并在情绪方面能拉他们一把。这是你的任务！你的员工并不期待你能解决所有的问题，但他们有权利要求你关心他们的看法，并准备好作为对话伙伴出现。如果你能给员工提供在可控范围内将气愤表达出来的机会，那么很多被阻挡的能量都会释放出来，由此提高的生产力将会减轻你作为领导者的工作。

这并不是说每当出现不愉快的时候，你就要跑到员工那里问他需不需要谈话。但如果连续几天或几周气氛都明显压抑，或不同寻常的沉寂，那么你作为领导者就要鼓起勇气来到员工身边，并告诉他自己观察到了什么。坐等这样的场景结束，虽然偶尔可以奏效，却不是一个强大的领导者应该有的风格，并最终会让你的信任度降低。

依照经验来看，在恼怒阶段中，被主动制造的，并能被清晰感受到的阻力是最大的。这时领导者需要有勇气走到员工身边，并同他们展开对话。在这个过程中，领导者有时还要起到避雷针的作用，让积聚的情绪借此释放出来。在介绍如何处理抵制的第五章中，你将得知如何走近恼怒的员工，并从容地留在他们身边。

通过有意识的悲伤来释放负担

我们通常会将“悲伤”这个词与失去某个受爱戴的人联系到一起。如果你觉得“悲伤”这个词出现在管理学中不合适的话，你可以将它直接换成“失去的痛苦”或者“离别之痛”。在绝大多数变革进程中，你和你的员工都要失去一些让自己喜欢的元素，这包括地点、他人、任务、观念、习惯以及部分自我形象。与“恐惧”阶段相同，否认行为在“悲伤”阶段同样没什么益处。悲伤会帮助我们同一些东西告别，并接受损失。只有在克服了悲伤之后，我们才能鼓足干劲去处理新的任务。

借助日常工作来转移自己的注意力，试图排斥由于失去而引发的悲伤，这样的领导者不在少数。这种行为也是可以理解、可以体谅的。有时候，悲伤的感觉来得的确太不是时候，比如当员工们正在观察你这位领导时，但你需要在一个合适的时间容许并接受这种感觉。借助下面的例子我将说明，如果你不这么做会引发哪些后果。

请回忆一个在人生中令你特别尴尬的，让你至今想起还感到羞耻的场景。现在停留在你脑海中的这个场景，也许已经伴随你很多年了。做点什么来应对它吧。处理悲伤意味着加工这种情绪并释怀。有时候，我们要原谅自己的错误，即使对领导者来说也是如此。我们都是人，是人就会犯错误。

请短暂地设想一下这个场景。当时都有哪些人在场？如果你的脑海中出现了当时的场景，你就会清楚，这些人很多年前就已经开始过自己的日子了。这些人中没有谁今天还能回想起那个场景，因为他们都要处理自己的日常问题。有些人也许很久之前就已经彻底忘记了这件事。也许你和其中一些人早就断了联系。唯一一个还能经常回想起这个场景的人就是你了。你这么做是因为你一直也没有原谅自己，也一直没有释怀。这个场景也许直到今天还会对你有破坏性的影响，还会降低你的自我价值感。你要让自己清楚，这个小小的瞬间在你的生命中已经没有任何意义了。它对所有在场的人来说都已完全不重要，在你的人生中也应当如此。原谅自己吧！这件事你在今后会做得和以前不同，会处理得更好，你已经吸取了教训。如果你将这份羞耻当作精神负担，一直背负到生命的尽头，那你的做法对任何人都没益处。请完成这场“追悼会”！你应当永久性地告别这个场景。这样的话，虽然你也许无法忘记它，但你很少会再想到它了，而且它今后再也不会给你带来消极的影响了。

如果领导者要执行一项能让他看到自己极限的变革，比如裁员，那会发生什么？毫无疑问，他将必须做出那些自己本想避免的决定并执行，他的做法很有可能会在所有相关的人心中打上烙印。这会影响到领导者的自我形象，并让他感觉不佳。领导者会感受到自己在一些员工那里蒙受了损失，比如信任度和威望。我们必须要祭奠这种损失，然后有意识地同它道别。因为如果悲伤的感觉一直被排斥，一件事情一直无法翻篇，这将会导致什么后果？这个令人心情沉重的话题一直停留在脑海中，并会让人感到不适。领导者会试着不让别人发现自己的任何情绪，并对外表现得放松、从容。但真实的效果往往恰恰相反。领导者会表现得挣扎，像是被束缚了手脚。如果我们经常有计划地排斥悲伤和恐惧的感觉，那这早晚会让我们精疲力竭，让我们觉得难以为继，长期来看还会导致严重的疾病。所有你排斥的情绪，都会在你执行领导工作时束缚你，因为这些情绪总想冒出头来。随着时间流逝，你必须要耗费越来越多的能量，才能控制住积聚的情绪。所以，创造一个通向自己情绪的入口，以及获得良好的直觉，对于绝大多数领导者来说都是最重要的内容。

减轻那些受到特别冲击的人身上的压力

一项工作不可能总是有乐趣。生活不是儿童乐园。你还需要关心员工心中的离别之痛吗？这真是你的任务吗？有些领导者可能会这么想：“从来也没人问过我的感受。谁如果应付不了这些，就应该扪心自问一下，自己适不适合这里。‘闭上眼睛向前冲’

才是我们的口号。”

虽然这种观念广为流行，但它和领导艺术毫无关系。优秀的领导者会利用自己的情商来感知并处理自己的情绪。所以他们也清楚如何对待他人的情绪，并懂得：在情绪方面做下属的工作，绝不意味着软绵绵的握手，而是意味着化解阻力，使变革成为可能。你当然可以，也必须要求员工拿出业绩，然而当一个人由于一个公司层级被取消，而失去了他的职称和领导地位时，他必然会感受到这种失去带来的强烈悲伤感。特别是当我们花了很多年建立起来的个人形象受损的时候，“情绪过山车”中的“悲伤”阶段是绕不开的。当然你现在不需要过于小心温柔地对待他，但你也不能就像什么都没发生一样。作为领导者，你应当容忍他暂时下降的业绩。告别悲伤需要时间，借助外力为该阶段加速，这种操作的空间是很有限的。在这个阶段，受到波及的员工会经常表现出缺乏专注度、健忘和迷失方向，这些都很容易被观察到。如睡眠障碍、困乏和没有胃口之类的身体反应，可能会让上述问题变得更严重。他们会减少与别人的交流，会封闭自己。他们觉得自己敏感脆弱。给他们一些时间吧，并以人性化的方式对待他们。

结束或者失去，这会给员工带来多大的情绪冲击，你作为领导者只能猜测。由于拥有参与制订变革进程的机会，所以接受变革带来的离别和失去，对你来说没有那么痛苦。对领导者来说，保持理智会容易一些，所以很多领导者也会要求员工展现出同样理智的行为方式。领导者更倾向于靠近员工的理智，而不是专注于员工的情绪。依照经验来看，如果你呼吁受到波及的员工表现得更加理智，那你的工作效果只会更加有限，这里有一个例子：

想象一下，一组孩子被送到了一个为期一周的夏令营中。其中一些孩子在营中大放异彩，享受着这段时光，而其他一些却想家想得厉害，并一直处在悲伤之中。再继续想象一下，如果这时一个小孩子从一个成年管理员那里得到了三个绝对理智的理由，告诉他为什么要走出悲伤并感觉良好，那这些理由会有什么用吗？是的，完全没用！

成年人的行为方式也差不多。很多领导者相信，他们会通过理智的论据或激励性的言语（如“你正处在最好的年华……”）来让下属摆脱恐惧和失去之痛。事实却恰恰相反，由于他们缺少理解他人的能力，下属的悲伤感会更加强烈。那么你应当如何行动呢？

当员工已经陷入危机或深深的悲伤中时，再给他们施加压力是没有意义的。然而遗憾的是，你作为领导者，总会在员工承受变革之痛的那段时间感受到市场动态或来自顶层管理者的压力。你和你的下属都被期待着拿出业绩。尽管如此，我们在这种情况下也不能毫无保留地将压力直接传达到下层。在为员工施加额外的工作压力之前，请至少先给那些受影响最大的员工一些时间，让他们来梳理情绪。你要计划同这些员工进行交谈，并主动找他们说话。在身处严峻的变革阶段时，很多领导者会忙于制订系统和规划，因为他们在这个工作范畴内感觉更踏实。但对变革的成果而言，把时间花在员工身上显然是更重要的。通过时刻准备好同员工谈话，并展现出对交流的兴趣，你将获得员工更多的尊重。

就算员工抑制情绪，不对你敞开心扉，他也会懂得珍惜并尊重你的态度。在第九章我将介绍如何同遭受损失的员工开展此类谈话。

你将看到，在全部三个阶段（恐惧、愤怒、悲伤）中，走进员工的情绪对领导者而言都是有意义的。你的员工拥有这些情绪，这一点你无法避免。为了让自己能够适应并接受新事物，他们必须要在变革过程中走过这些阶段。如果你能在这时正确地应对员工的需求，那么你将长久地拥有员工的信任以及工作热情。

展示出自己的情绪，并负担起你的责任

现在还有一个问题是，你该不该在员工面前展示出自己的某些情绪——尤其是当你作为领导者觉得一项变革没有说服力时，会使工作陷入困境。你需要执行一项上级下达的变革，但变革的整体意义或执行计划，却只能在一定程度上令你信服。就像随后的员工一样，你现在就要经历“变革过山车”的各个阶段。在通知员工那一天到来时，你自己可能正处于“沮丧”阶段（见第二章）。你不仅情绪低落，而且还能很理智地看到变革将会给自己和员工带来哪些坏处，然而别人却期待你在执行变革的过程中成为榜样，充满激情地行动起来。所有人都会盯着你这位扛大旗的人。你陷入了两难的境地：要么把自己对整件事的看法清楚地说出来，然后承受没人愿意执行这个项目的后果，要么装作觉得一切都很棒，然而这却显得做作、不真实。

很多领导者在这种矛盾中都会觉得，自己有可能是输家。很多时候，中庸之路便是正确的道路，此时亦是如此。如果你看到了一些员工早晚也会看到的缺陷或损失，那么你应当将这些直言不讳地讲出来。如果一些事情令你感到遗憾或恼怒，那么你同样可以表达出自己的感情。但有一条界线你无论如何也不能跨越：不能加入集体发牢骚的阵营，也不能丢下自己的责任。一些领导者在和员工谈到一些让人不开心的内容时，就会抛弃自己的责任，然后和员工结成一派。他们大概会这样说：

“上级又想出了如此荒唐的主意，对此我也完全不能赞同。如果事情按我的计划发展，那将完全是另外一番景象。但那些身居高位的先生们是不会听我们的意见的。和以前一样，你们清楚现在该如何应对。”

这种行为虽然会带来暂时的轻松，但长期来看却无法让领导者得到尊重。如果领导者不为那些上级下达的、令人难受的措施负责，而是把责任都推给“上面的人”，那么他们在面对“下面的人”引发的麻烦时，如当下属犯了一个严重错误时，也同样会这么做。这类领导者会说：“对此我什么也做不了，因为底下的人工作一团糟。”作为一名中层领导者，不为上级制订的措施承担责任，那他绝大多数情况下也不会为自己的员工承担责任，而这一点员工是能感知到的。所以当人们拒绝为让人为难的措施承担责任时，他便会失去别人的信任。你当然也不应当装得充满激情——如果你并不是这个状态。最好的方式便是保持真实的自我。在出现这种情况时，你应当以合适的方式说出自己的想法，但同时也要承担执行的责任。比如你可以这么说：

“我们所有人都知道，上级制订的进程并非是最理想的。我们的修改建议没有被考虑进去，这一点当然也让我生气。不过这么想没有用，生米已经煮成熟饭了，那么现在这碗饭必须得被吃掉。我们越快完成，这里就能越早回归常态，我们就又能在晚八点前到家了。所以，我们干起来吧，我要拜托大家支持我。”

作为领导者，你可以展现出自己的情绪。这是你真实的一面，这会让你在下属的眼中显得有亲和力。但你也要时刻记住：尽管变革不合你的心意，你也必须要为变革的执行负起责任，否则便没有人会支持你了。

本章总结：

1. 面对自己的恐惧。
2. 让你的员工清楚将会发生什么，并制订短期目标。
3. 探究自己的恼怒。
4. 面对恼怒的下属。
5. 通过有意识的祭奠，让自己卸下负担。
6. 为那些受到特别冲击的员工减轻压力。
7. 展示出自己的情绪，并承担自己的责任。

第三部分

LEADERSHIP

搞定 4 个常见团队问题，轻松成为“好上司”

第四章　问题 1：当没有人配合你时要做的 7 件事

如何带领员工开展新工作

没有感情，我们便无法让黑暗变成光明，也无法将冷漠转化成行动。

——卡尔·古斯塔夫·荣格（Carl Gustav Jung，瑞士心理学家）

设想一下，你想启动一个变革项目，却没有员工配合。这个变革项目是由你起草并发起的，还是由上级制订的，此时已经完全不重要。员工会出于哪些原因而拒绝执行上级发起的倡议呢？我们来观察一个典型的变革起始阶段。

一位领导者在会议中讲述了自己设想的变革进程。他很理智地对变革进行了论述，列举了契合市场发展、应对成本上升、改善未来等原因。员工们点着头，展现出对计划的理解。领导觉得每个人都明白了他的意思，并相信他的部队现在可以出征了。然而出乎意料的是，实际上什么变化都没出现。他开始问自己，是不是当时说了外语（所以大家都没听明白）。下一次同自己的下属开会时，他再一次讲明了要做什么，并以清楚明了的方式要求所有在场的人即刻展开行动。他的要求也的确被兑现了，所有人都惶恐地开始了工作。几周以来，办公室的气氛都如蜂巢一般。领导很满意，觉得信息终于被传达到位了。然而几周后他才发现，虽然所有人都在忙，都工作到筋疲力尽，却没人展现出创造力。和之前一样，没有什么工作得到了真正的执行。领导这时无计可施了。他再次召集大家开会，这又导致员工们开始惶恐地工作，但一切依旧没有改变。究竟发生了什么？这位领导究竟犯了什么错误？

理智并不能决定人们是否接受变革

领导者清楚地表明了他想要什么。借助交流，他触及了员工的理智，这种理智让员工接受了信息，并认定这些信息是有意义的。然而尽管如此，员工们的行为方式却并不符合他的预期。原因是什么呢？

理智对行动的控制力是非常小的。我们可以借助下面的例子来看清这一点：

你计划减重几公斤，你的理智为这个计划提供了很好的理由。苗条不仅能带来健康，还能提升你的魅力。理智为你下了一个命令：不要在很晚的时候再吃饭或吃甜点。但到了夜里，你还是站在了冰箱前。当理智还在讲述节欲的意义时，你的手却已经触摸到了欲望中的食品。没有经历认真的思想斗争，这些食物便已经下肚了。

所以我们可以确定，理智在这种情况下虽然可以说些什么，却没有决策权。决定是大脑的另一部分做出的，这个部分我们马上就会讲到。在这之前，我还想让你意识到另外一个有趣的现象：

理智其实必须要承认自己什么也决定不了，它却不愿意承认这一点，而是会以极快的速度为它本来不喜欢的，本身也并不理智的行为找到一个理智的原因。在我们坦然地将东西送到嘴里时，理智已经为我们找到了一个合适的理由：今天可是极其艰难的一天，不管怎样我得犒劳自己一下。理智虽然没有做出决定，却为决定找到了合乎逻辑的理由。这会引发我们的错觉，让我们认为理智控制了事情的走向。如果理智真的是我们行为的指挥官，那谁还会以不健康的方式生活呢？每个人都知道想要保持健康，正确的行为方式是什么。请不要再幻想自己是一个受理智控制的人了。现在有趣的问题出现了：决策究竟是由谁来做出的呢？

人脑可以被分成四个功能层面。我们可以先将它大致分为大脑皮层中的“理性系统”和负责生成情绪、并将情绪作为感觉信号来接收的“边缘系统”。

人脑功能层面（依照格哈德 · 罗特于 2012 年发表的模型）

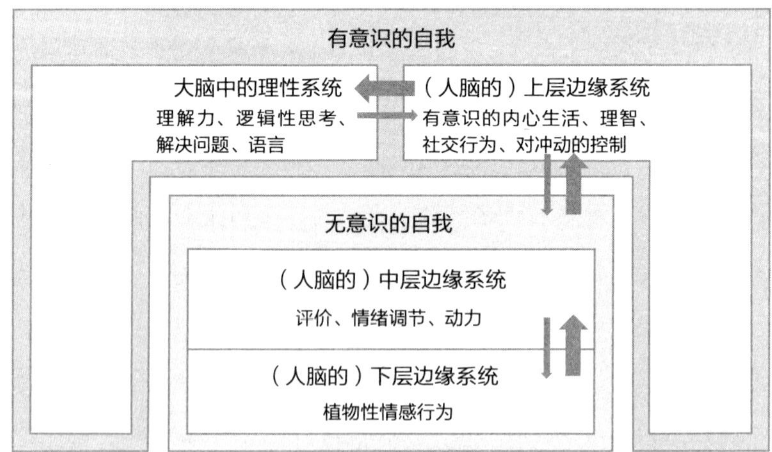

人脑的边缘系统还可以被分为不同的层面。下层边缘系统负责调控我们的植物性情感行为。它首先会控制我们的循环系统、新陈代谢功能以及荷尔蒙平衡。除此之外，我们的感知力以及情感行为（如攻击行为、防御行为及性行为）的方式都会受到这个层面的控制。

中层边缘系统负责对感官印象进行评价，并使其触发我们的情绪反应：它会收到来自感官的信息，并依照经验将信息评价为“舒服的”或“不舒服的”，随后将这些信息同与之对应的情绪串联起来。中层边缘系统的一部分区域还负责决定我们是否会具有做一件事或放弃一件事的动力。在进行某种特定行为时，它会分泌出大脑特有的“奖励物质”，这种物质会引发我们的快感。此类内生物质，即机体本身生成的物质，在化学成分上和毒品类似。根据“奖励物质”释放的多少，我们会感到满意、开心、亢奋甚至欣喜若狂。然而中层边缘系统不仅仅会释放这些物质，还会决定为哪些行为来释放它们。因为我们总是在追寻这种“毒品物质”释放后的快感，所以在中层边缘系统中存在着针对行为的控制单元。下层和中层边缘系统均处于我们的潜意识中，并只能间接地、最低程度地被理智所影响。

上层边缘系统属于意识的一部分，潜意识会通过这个部分将推动力传递给我们的意识，反之亦然。在这里，来自下层和中层边缘系统的神经纤维将会在脑皮层聚集。潜意识情绪，即那些单纯由潜意识引发的身体反应（如脉搏加快、呼吸变浅、出汗等）将会在脑皮层的这个边缘区域中被认知为意识情绪。在这个区域中，一些来自潜意识的感情冲动会得到控制，它们的行为后果也会被评估。这时，社会中的规则、我们接受的教育以及我们自身的道德观念都会被考虑进来，这些因素被储存在大脑的该区域中。所以上层边缘系统中包含了我们的理智，以及会阻止我们实施某些行动的“社会情感”。

第四个系统，也是最后一个层面就是我们大脑中的“理性系统”了，这个部分同样属于我们意识的一部分，我们的理智便扎根在这里。逻辑思维、解决问题的能力以及语言的精进都是由理智负责的。然而我们必须要将“理解力”和“理智”这两个概念加以区分。一个聪明人未必是一个理智的人。理解力，或者说是个人智慧同样可以被用来计划阴暗的行动，如恐怖袭击。一些暴君、独裁者以及反社会分子恰恰就是智商非常高的人，然而他们的行动却不受理智的控制。

大脑的哪些部分会对其他部分产生何种影响，作为领导者，这个问题你一定会感兴趣。在图表“人脑功能层面”中，这种影响已经通过粗细不一的箭头标记出来了。正如我们看到的，下层边缘系统会特别影响到中层边缘系统，二者会共同对上层边缘系统施加强大的影响，而上层边缘系统又会再影响到我们大脑皮层的“理性系统”。换句话说：我们意识中的感觉会在潜意识中生成，而这些感觉又会明显地影响到我们的理智。这种影响也会在相反的方向上被传递，然而影响的程度则会弱得多。例如，理解力会为理智提供复杂的分析，而理智又会反过来在一定程度上影响来自潜意识的感情，如弱化愤怒的冲动。这种信息流以及交互影响都不是单方向的，但从潜意识到意识的信息流会强很多。

现在我们知道大脑中哪一部分说了算了。边缘系统的三个层面会影响到我们的理解力，而反方向的影响则会弱很多。

另外一个重要的问题是：大脑的哪个部分将会引发我们具体的行动，即给我们施加推动力来执行某件事情？事实上，我们的理解力系统，即大脑皮层中属于“理性系统”的那一部分，与引发行动的大脑区域并没有直接联系。神经学家格哈德·罗特（Gerhard Roth）是如此解释的：

“制订决策的部位被称作‘基底神经节’，它们在我们大脑的深处，是完全在潜意识中工作的。基底神经节会为每种行动做准备，并给我们一种‘我们期待如此行动’的感觉。然而这归根结底是一种假象，因为基底神经节也是由边缘系统控制的。

“在‘理性脑皮质系统’（注：理性系统）面前，边缘系统拥有先期倡议权和最终话语权。‘先期倡议权’指的是生成愿望以及目标设想，‘最终话语权’意味着决定是否要立即执行由理智和理解力提供的行动方案，以及是否一定要以这种方式，而不是以其他方式来执行。原因在于，所有由理智和理解力提出的建议，对于真正做出决定的大脑部位来说，必须要在情绪上可以被接受。所以，只存在针对某种行动、与之相对的其他行动方式，以及各自后果的理性权衡，而并不存在纯粹的理性行动。在一次漫长的权衡利弊之后，我们还要面对情绪层面上的赞成或反对。理智唯一能做的便是将各种行为可能出现的后果，以一种与强烈的内心感觉相关联的方式展现出来，只有通过这种方式，我们的行为才可能被改变。”

以下两点是值得确信的：

情绪对行为的影响力远大于理智。

行为主要通过触发强烈的内心感受而被改变。

在变革过程中，情绪会控制我们的行为

想象一下，假如有一个人承受着严重的背痛，睡眠质量很差。尽管他连用了几天镇痛药膏，但情况毫无改善，于是他去看外科医生，医生做出了如下诊断：“你的背部肌肉发育不完全。你必

须要立即开始运动，否则情况会更糟糕。如果不运动，不久之后你就会由于利用不自然的姿势缓解腰痛，而同样感受到颈痛，这会降低你的睡眠质量。”你觉得，医生的诊断对患者感情层面的冲击力有多大？

我们将他和另一个人进行对比：一位患者由于咳嗽来看医生，医生在用听诊器听了他肺部的声音之后，下了一个暂时性的结论：“你的背部肌肉发育不完全。如果你能做做运动的话，这将会对你有好处。”你觉得，这条消息会对患者的感情层面带来多大的冲击呢？

你看到了，问题就出在这里！顶层管理者感受到了“背痛”，而员工却没有。员工离找到一个严肃的原因，来解释为什么他们要对自身或工作流程进行一些改变这件事还有很长一段距离。而顶层领导者却恰恰相反，他们得知自己的竞争对手已经开发出了革命性的产品，它会令自己公司的产品显得过时，并让销售额缩水。或者他们已经预测到，两个规模较大的竞争对手将会融合，而这将改变市场，或者一些重要数据的走势开始偏离轨道。所有这些，顶层领导者都能清晰地感受到，这些事将会引发他们的“背痛”，或者更恰当地说应该是“头痛”。但企业领导者制订的措施对下层员工来说却是不可理解的。如果员工无法感受到任何变化的话，他们怎么能相信企业已经接近一次危机，甚至已经处于危机之中？每个人还是能准时得到薪水，墙皮也没从墙上脱落，公司富丽堂皇的大厅依旧能让人感受到公司的经济潜力。员工感到安全，并觉得上级的话纯属夸张。紧迫感从上级传到下级需要很长的时间，有时候这个过程会过于漫长。紧迫感向反方向传递也经常是如此，基层员工发现了市场和客户要求的变化，但等到这些信息传递到顶层领导者那里并被他们认真对待时，时间已经过去太久了。相应措施可能要过上几个月才能得到执行。

如果我们没有觉得自己的情感被呼唤，那我们在绝大多数情况下也拿不出劲头来执行必要的措施。我们先来看下面这个事实：地球上大约每三秒钟就会有一个不到五岁的孩子死去。也许你会想："太糟糕了，我们怎么能让事情变成这样？"然后呢？你会本能地决定从今天起每个月捐出 50 欧元吗？你想要实施什么具体的行动吗？为什么没有呢？因为这句话只停留在了我们的理解力层面上。它并没有激发我们的情绪，所以我们会继续保持不积极的状态。我们的情绪必须要被触及，才能让大脑中释放情绪的区域同时触发我们的行动。

媒体和救助组织早就注意到了这一点，所以他们会用来自受难儿童和家庭的，能触发情感的图片及故事来诠释那些纯粹的数据。"地球上大约每三秒钟就会有一个不到五岁的孩子死于饥饿或本可避免的疾病"——同这条消息相比，受难儿童的一双悲伤的眼睛能带来更大的震撼。

这对企业中的变革又意味着什么呢？想象一下，上司在一次会议中告诉你和你的同事，目前为止一直都繁荣发展的企业，利润一下子降低了 7.31%，所以我们必须要立即开始节约成本。你会做何反应？你的理智可能会说："是的，必须得做些什么了。"然后你马上就会想道："对了，我今天早晨还看到了一辆黑色的董事长专属加长车，这辆大轿车还配了司机。他们这些领导也可以先节俭一些吧。”下降的销售额并没有唤起你的情感，所以你也不会为节约成本而设计一些具体的措施，而你的员工也正是这么做的。只有当你能够触发员工应当被触发的情感时，你才能让员工行动起来，并担负起自己的责任。

让问题可以从感情层面上被体会到

将员工带出冷漠状态的第一步，便是让他们从情绪层面上体会到变革的原因。下面两个例子可以说明这条原则。

在某个国际电信企业中，办理接通固话端口的过程漫长且复杂。董事会以及高层领导经常会收到相关数据，这些糟糕的数据展示了从客户下订单到电话可以如预期般工作，需要等多久的时间。除此之外，在线服务中心也经历了大幅度的减员，如果有客户想下订单，那他必须要在电话中很不舒服地等上一段时间。在听汇报的时候，经理时不时点着头，眉头轻轻皱了起来。所有人都知道这些问题，然而尽管出现了一些倡议，但情况依然没有任何改变。外聘的企业顾问最终有了一个主意：他邀请所有的董事会成员和经理都为自己的私人住宅额外申请一个固话端口。这件事他们必须以私人的名义，并通过电话服务完成。由于企业一直都告知客户，新端口正常情况下会在两周以内被开通，所以两周也就成了计划时间。两周内，经理们都获得了一次糟糕的经历。

在精心制作的幻灯片上观看这些差劲的数据，并理智地处理它们，是一回事儿，而在经历了漫长的等待之后直接被挤出服务热线，这种失望感则是完全不同的。经理们必须要在电话里忍受16分钟单调刺耳的音乐以及重复的录音，却得不到任何“活人”的应答。当他们经过两次尝试，终于有幸与话务员通话时，话务员对他们关于现有问题的着重描述并没有任何反应，而只是平静地，甚至有些冷淡地接受了预定。十天之后，经理们开始给客服中心打电话，询问到底什么时候技术员才能来，因为没人愿意成为自己圈子中唯一一个没有固定电话的人。但尽管反复询问，技术员还是没有上门。最传奇的是董事长，他的忍耐已经到了尽头。在一次电话中，他气得满脸通红，开始对着听筒吼道：“你知道吗？我就是这个垃圾公司的董事长！我现在马上就要把这个该死的固定电话连通！”整个行动的结果是：所有经理中只有一个人在两周内接通了自己的固定电话，而这一位还是在竞争对手那里下的订单。从这一天起，企业中发生了一些变化。领导们从情绪层面上感受到了这些关键数据一直以来都说明了哪些问题，并开始着手解决问题。

另一个来自哈佛大学的例子也能告诉我们，人是如何产生情绪的。

一位享誉盛名的教授进行了一次经典的抽样调查，调查对象是自己课堂中的学生。那天的课题是，某位经理在一次情况非常复杂的特殊事件中做出了错误的行为，教授询问学生，他们将会如何对待这位经理。这时一个学生举手答道：“我会炒他鱿鱼。”

教授沉默地盯着他看了一会儿，然后以平静的、低沉的声音说："我再也不想在课上见到你了，请你拿上东西走人吧。"所有学生都不知所措，恐怖的沉寂笼罩在教室中。那个学生在被吓了一跳之后，开始收拾自己的东西，然后站起身来，小心翼翼地侧身走过邻座的一排同学，直到出口。所有人都尴尬地低头向下看。时间就像定住了一样，仿佛过了很久，他才终于在众目睽睽之下爬上了大讲堂出口的楼梯。在他握住讲堂大门把手的一瞬间，教授叫回了他："你可以坐回来了！现在你知道被人炒鱿鱼的感觉如何了。"

这不同寻常的一节课，在场的人永远都无法忘记。教授通过他的干预行为，成功地将一个纯粹由理智做出的、与情感无关的决定与强烈的情感联系了起来。那个年轻的学生在一瞬间亲身体会到了自己的决定将会引发哪些结果，并会在今后更加缜密地考虑是否要过急地炒掉一个人。

这些例子证明了一点：为了能让人们行动起来，改变自己的行为，仅仅在理解力层面上审视他们是不够的。国际电信公司的老总知道，新电话端口的开通耗时过长，公司的服务态度也不够友善；哈佛大学的学生也知道，解雇对员工来说是很难受的；但尽管如此，当认知和强烈的情感联系起来之前，还是没有发生任何改变，两个案例均是如此。

你当然也要通过列举令人容易接受的变革原因等方式，来触及员工的理智。作为中层领导者，你也许已经可以很好地针对一个事件提出理性的根据，并在理解力层面上对其进行论证，所以我就不在这方面继续深入讨论了。更有趣的问题是，你如何才能将理性的论据和情绪联系起来。

激发员工正确的情感，是一门艺术。这里的关键是你的工作要在员工身上产生两种效果。一方面是“紧迫感”：员工要明白，现在必须要做些什么（而不是在某个时间）；另外重要的一点便是“使命感”：让“我必须要做些什么”代替“人们必须要做些什么”。

紧迫感和使命感能够激发活力。这两个要素会带来动力、专注力、清晰度、决断力、斗志，甚至还有灵感。所有造成停滞或后退的情绪，如恐惧、愤怒、失望、无助、恐慌等，都会为生产带来反作用。

你的观念会为绩效带来决定性的影响

遗憾的是，员工被触发的情感只在一定程度上与你的行为相关。为了能吹响行动的号角，你可能会有一些善意的构想，但最终这些构想带来了反效果。员工对某项措施将会做何反应，这不仅仅与措施本身相关，同时还在很大程度上取决于他们在某种具体环境下对这项措施的评价。这种评价会受到诸多因素的影响，如员工团体中存在的期待，以及员工在公司往期变革中获得的经历。关于“改变”一词的个人信条以及个人经验，同样会起到重要的作用。同一项措施，在一种情况下会带来热情，在另一种情况下则会带来愤怒。

那么我们该如何安排一项措施，才能避免过大的消极情绪风险？答案是：一定程度的风险是无法避免的，但这不应该成为阻止我们行动的因素。我的实践经验告诉我，作为领导者，如果你能够积极看待自己的员工，那么你的措施往往会被很好地接受，并触发积极的情绪。

我的员工是聪明人，他们总的来说还是有动力的，也愿意带领公司前进。如果他们目前为止还没有将新政落实，那他们一定有恰当的理由。借助这个行动，我将让员工更加了解我的理由，但我依然对他们的看法持开放态度。

正如你在“情绪过山车”表格中看到的那样，情绪进展的速度在每一个管理层面上都不尽相同。如果一个管理层正处于“情绪过山车”中的“融入”阶段，并已经完全赞同目前的变革项目，那么下面的阶层经常还停留在“沮丧”阶段，还要祭奠失去的东西。“沮丧”阶段的典型综合征便是业绩下降和迷失方向。领导很快就会觉得自己带领的是一群没有动力的懒蛋。在和董事长以及顶层领导真实的交谈中，我经常能听到这类话：

· “我不明白为什么他们都不愿意跟着我干。他们太顽固了。”

· “每个拥有健康的人类理智的人，都肯定能够理解这项措施。有些人脑子就是缺根弦。”

· “执行进展得如此之慢，真是太难以置信了。这些家伙太懒散了。”

在这些抱怨的背后，隐藏着一种和之前完全不同的观念，下面这段话虽然写得有点夸张，但表达了这种观念：

“我的员工懒散、顽固，他们患得患失，毫无战略眼光。他们拒绝改变，因为这会让他们离开自己的安乐窝。借助这次行动，我要让他们知道，我对他们的要求是什么。”

我确信员工会感受到你隐藏在行动之后的根本性看法是什么。如果经理认为“这里的人都是白痴，我得让他们动弹一下”，那么这种观点就会出现在他的行动中。这样的话，即使人事部或者外部的训练团体选择某种行动方式来彰显对员工价值的重视，他们的努力也会毫无作用。如果领导者对员工的观点毫无兴趣，那么他的这种心态很快就会在某些看似微不足道的事情上清晰地暴露出来。经理能听员工说多久的话，而不打断他呢？经理会进入员工的谈话内容，还是很快就又回到自己的看法上呢？经理是仅仅愿意输出，还是也乐于接收信息呢？虽然员工不会按照专业心理学的准则来分析经理的行为，但他们很快就能感觉到，经理是否对他们的想法感兴趣。你完全不必迎合员工的每一点想法，只要你能做到倾听员工而不去试着改变什么，这就足以带来一些效果了。

只有情绪层面的触动才会让人勇于承担责任

如果员工需要做出什么改变，那么变革必须要触及员工的情绪，并让员工觉得自己的参与是必要的，也是有意义的。你应当考虑一下，如何才能让员工的情绪被触动。在下面的部分你将接触到几个案例，告诉你要付诸哪些行动才能触发对变革有益的情绪。

一、成为变革过程中极端的榜样

要想对员工有所触动，最重要的一点便是作为正面榜样大步前进。当变革涉及别人的时候，经理往往会成为充满热情的变革捍卫者，然而如果要把自己的旧公务车再多用一年，或者换成更小的型号，他们便觉得有些过分了。我们为什么会有这种想法呢？

昂贵的、精心设计的新家具恰好在节约方案开始的时候被送到了董事长办公室，没有什么比这更愚蠢了。当然了，和整个企业的支出相比，这笔费用只是九牛一毛，但此类小事会不可避免地被大家谈论，而之后当董事长再以训诫的口吻谈论一项必要的、亟须执行的节约方案时，便没人会拿他当回事儿了。如果提到这件事，董事长一定会为此辩解，会说这套家具在节约方案开展之前很久就被纳入预算并被订购了。但问题并不是他能否以理性的方式说明理由，而是这种信号会对外界造成何种影响。同样“干得漂亮”的还有一些德国股指上市公司的董事会成员，他们在下层员工遭遇降薪的同时，大幅度提升自己的收入。也许你目前还不在董事会中，但对你的下属而言，你就是名副其实的“决定性人物”：你要制订标准。谁如果要求员工坐经济舱，自己却坐公务舱，那他必然是没有威信的。

请先扪心自问一下，员工从哪些方面能看出并感受到你对某个项目非常重视呢？有意思的是，很多人会在这时想到一些让自己不舒服的事情，如坐经济舱、换更小的公务车，或者和员工共同出差三天。这时人们马上就会有理由来反驳这些事情：“如果我开着小号的公务车或者坐经济舱来，客户会怎么想？”或者：“我的行李总是那么多，开小车根本就放不下。”如果我们足够诚实的话，就会明白这些都是借口，如果我们的上司找这些借口，那我们定能轻而易举地揭穿他们。只有涉及自己的时候，我们才会觉得这些原因特别符合逻辑。可惜的是，这么认为的只有我们自己。如果员工发现，领导者正在花更大的力气来完成一项让他感到棘手的工作，那么员工也会更容易去动手做那些让自己觉得难办的事情。改变总是从上到下的。请思考一下，你如何才能以一种极端的方式成为变革的榜样？你的这种极端行为将会激发员工的使命感。下面的例子所展示的内容恰恰相反，我们将看到员工的反感情绪是如何被激发的。

某个保险公司将经历一次大幅度的人员削减。工会和董事会的谈判已经陷入了僵局，调解员被请了进来。在一次至关重要的会议之前发生了下面这件事：公司的董事长于一年前在苏黎世湖畔委托建造了一幢奢侈的别墅。这个别墅如此不凡，以至于某个全球闻名的建筑类高端杂志都想将它介绍一番。董事长觉得自己被恭维了，便同意了这次报道。从为别墅拍照到文章发表，一共用了 9 个月时间，杂志恰好在最终的裁员谈判前几天面世了。文章中首先提到了房屋的主人只能在刚刚换过的、最高品质的亚麻床上用品的陪伴下才能入睡，所以帮工每天都要为他重新铺床。在谈判当天董事长走进谈判室时，每个谈判代表面前都放着这本高端杂志。

假如每个人都知道，你在一个巨型豪华别墅中生活，并让帮工每天为自己更换精致的保加利亚亚麻床单，那你觉得自己还有资格谈论针对下属的裁员吗？没有！当时的调停者是一位有名望的、即将退休的瑞士教授，他是我认识的最有礼貌的人，他非常谦虚，也很注意自己的言辞。那次会议让他长久以来的努力化为乌有，我直到今天还记得他在会后做出的失去分寸的评价：“这个人居然每天都要换屁股垫子，真是够糟糕的，但他还非得把这种事写到杂志上吗？”

二、通过情绪层面来传达信息

当前变革的原因经常会通过展现数字、参数和事实的方式被描述（Zahlen，Daten und Fakten，简称“ZDF”）。这种“ZDF”展示法的问题便是，它无法对我们发挥出较大的作用。它无法触发我们脑海中的影像，也无法触及我们的感情。我们当然不可避免地要利用幻灯片来展示一些东西，但这不能成为利用尽可能小的空间，把尽可能多的文字甩到墙上的理由。这类幻灯片绝大多数情况下都不包含图片。而应当做的恰恰相反：我们要控制文字的比例，尽量多为听众讲述生动的案例。请你想象一下，在某经理的一张幻灯片上罗列着各种数据，这些数据展示出公司的忠实客户正在流向竞争对手的趋势，经理说了下面一番话：

“正如你所见，在过去半年中，我们有6.8%的忠实客户流失了，同你在下方看到的累计销售量相结合，该数据展现出了危险的趋势。如果我们将这些数据与你在页面右下角看到的新客户增加量相比较，便得出了一个大约达到4.3个百分点的变量。对我来说，重要的是讲清楚这种趋势……”

这种类型的报告相信你已经领教够了。它对情绪的触动非常小，甚至完全没有。请将它同下面这位领导者不借助幻灯片而做出的论述比较一下：

“我昨天去了施韦伯公司，并同老施韦伯先生谈了谈明年的计划。在座的各位几乎都认识他，至少听说过他的名字。我非常敬重施韦伯先生，不仅仅因为他过去 12 年来一直都是我们忠实的客户。他友好的、彬彬有礼的、富有亲和力的气质，在座的各位都曾经感受过。同施韦伯先生进行的跨领域交流合作，为我们带来了很大的收益，在这方面很少有人能做得像他一样出色。但他昨天说了一些让我难以置信的话……（停顿）……施韦伯先生从即刻起不再是我们的客户了！从下个月起他将从我们的竞争对手那里提货……（停顿）……我意识到，他不是第一个在近期离我们而去的老客户了。”

同第一段堆砌数据的报告相比，第二段故事对听众产生触动的可能性会大得多，尤其是在你真的认识并尊重施韦伯先生的情况下。如何以形象生动的方式将抽象的数字展示出来，绝对是值得思考的问题。为了唤起听众的紧迫感和使命感，我们经常要将那些来源于员工或客户调查的、不尽如人意的结果展现出来。但即使是在这时，我们依然有机会让这些纯粹的百分数拥有感情。比如，你可以让 10 个人站起来（他们代表 100%），然后以这 10 个人为例来解释客户或员工的想法：“这三个人感到不满意，随时都可能会换东家，这个比例具体来说是 33%；这四个人既没有不满意，也没有被点燃热情，对他们来说我们的企业无所谓；这边的三个人觉得我们的企业不错，并真的在一定程度上感受到了自己的责任。”你还可以请 10 个人站到前面来阅读从调查中选取的真实评价，然后做出相应的表情。请展现出你的创造力，来让数字变得有生命力。

三、让变革的需求在工作环境中可见

你可以通过改变员工视线范围内的一些元素，来展示需要变革的内容。如果客户服务需要得到改善，那你就干脆挂上一些客户的照片。把落满尘土的花卉装饰以及用不到的座位清理出去，然后把客户制造的产品摆出来。

如果需要节约开支，那你就把所有惹眼的奢侈品和装饰品搬出自己的办公室以及公共区域。你还可以额外在所有人都能看到的中心地带挂出一张图表，图表中展现的是在过去一段时间中，自己公司和最大的竞争对手相比，在利润方面取得了多大的进展。这样的对比将会建立情感上的关联。你应当经常将新的数据填入表中，并标注应当达到的目标。对这张图表而言，你的观念同样至关重要。你要传达的信息应当是："我们一起来完成！"而不是"你们现在懂了吗？"

如果竞争对手将更好的产品投入市场，那你应当将这款产品放到自己的产品之中展示给大家，或者如果可能的话，让自己的员工使用这款产品。这样，针对该公司及其产品在市场中所处的位置，员工在脑海中就会勾勒出具体的图像。

某位经理就曾通过自己的行动实现了这个目的。他在办公区的茶水间中挂起了一个很大的信息板，并以图表的形式展示了竞争对手已经公开的最新信息。他还经常把一个带有飞镖的标靶在信息板旁挂上一两天。他将主要竞争对手的董事长、最新产品以

及企业大楼的网络图片钉在标靶上。从道义上讲，这么做当然是不对的，但的确没有谁能不玩上几镖。在玩的同时，人们了解了竞争对手的经理、产品以及公司所在地。很多员工自然而然地开始加强对竞争对手的关注，以及对市场发展趋势的跟踪。

我认识一个经理，他接管了某公司的一个领域。该公司一直都被贴着保守甚至落后过时的标签。经理打算改变一下这个部门尘封的印象，并推进人们的商业构想。他要为部门带来新风气的目标，在起初几周的一个周末之后便再也无法被忽视了。经理派人将办公室和楼道中的墙壁以及水泥柱都刷成了绿色。这个行动是他一个人偷偷安排的，并没有同位于大楼最顶端的公司领导层商议。他之所以这么做，是因为这个美化方案可能会在长达几个月的讨论之后被否决，因为绿色并非公司的主题色。在行动之后，每个人都觉得这种美化效果特别棒，所以没有人再去改动它。这一抹新鲜的绿色，以及这次非同寻常的行动，标志着新的企业思维方式，这种思维方式在他之后的行动中也同样得到了清晰的体现。经理的行为在后来并没有给他带来什么困扰，虽然他已经预见并准备接受可能出现的麻烦。

借助这种行为，人们可以让自己变得十分可笑，也可以让自己的形象“不朽”。如果这个部门在此之后真的成功转型，那么员工们十年后依旧愿意回忆起曾经的经理：“你知道吗，就是他把一切都给刷绿了。”然而如果这种标志性的行动只是一阵风，那么他的行为则会被当成笑柄，经理也会很快得到一个他肯定不会喜欢的新外号。

如果你想发起一次变革，那么你要想想，如何在工作环境中为员工呈现出你想传递的信息，以便员工能够看到并体会这些内容。

四、让员工亲身经历出现的问题

有时候，我们也可以让员工亲身经历一些事情，就如同之前国际电信企业的案例所展示的那样。例如，如果你觉得自己部门的电子文件系统没有条理，因为每个人都按自己的方式设置文档结构并命名文档，那么你不要仅仅动嘴去说。你可以给每个员工分配两个搜索任务，让他们在其他同事的文件夹中寻找文档。一旦员工因为找不到文档而最终精疲力竭，他们就能更好地明白为什么领导要寻求改变了。

如果问题与产品相关，那么在可能的情况下，你可以让员工通过使用来亲身体验一下这款产品以及它的缺陷。这种体验会胜过任何描述，并会触发员工的感情。

约翰·科特（John Kotter）和丹·S.科恩（Dan S. Cohen）在《变革之心》（*The Heart of Change*）一书中，用一个生动形象的例子展现了一名普通员工是如何做到同时激发上级和基层的内心情绪的。

一名员工确信他的雇主——美国某大型企业——花在采购上的钱太多了。然而领导层却没打算研究这个问题，也没制订出相应的改善方案。所以员工想要让这个问题首先变得能被感受到。他委托一名实习生调查了所有的工厂车间一共购买过多少种不同的工作手套，并为此付了多少钱。

结果令人瞠目结舌。企业的所有车间一共购买了 424 种不同型号的工作手套，而且是从不同的供应商手中买的，价格也不一致。同样的手套，一家车间花了 5 美元，而另一家却付了 17 美元。在得知了这个信息后，员工又给这个实习生分配了一个任务，即为这 424 种手套各购置一个样品，并用牌子标明了订购车间和订购价。

员工找董事会约定了一个谈话日期，在即将谈话之前，他将 424 双手套放到了会议桌上。董事会成员几乎无法相信该员工叙述的内容。他们开始默默地比较一些看起来差不多的手套上所标注的价格。很快大家便都明白要立即做点什么了，并开始规划一个项目。

这个例子为你展示了一个人是如何在投入了较少精力的情况下，让一个问题能够同时被上级和下级感知到。借助自己的行动，这名员工在公司顶层成功发起了一个项目，并同时减少了下层在执行时出现的阻力。

五、请努力建立（内勤）员工与客户之间的联系

一些员工出于岗位原因，无法接触到终端客户。如果客户在他们看来是“陌生的存在”，那么让自己的思想和行动都以客户为导向，对他们来说便会很困难。如果将一个内勤员工派到一名有经验的销售部员工身边，让他们一起工作几天，奇迹就可能会发生。在拜访客户的过程中，内勤员工将会亲身感受到客户会对

产品和服务提出哪些要求。通过这种方式，员工自认为重要的那些元素将会很快淡化，而切实存在的要求则会变得更加重要。

一个在这方面堪称典范的企业是拥有 69 000 名员工的德国伍尔特集团（Würth-Gruppe）。从核心领导层到小组领导层，所有负责内勤工作的领导每年都会有四次机会花上一整天时间陪着外勤人员拜访客户。企业创始人莱茵霍尔德·伍尔特（Reinhold Würth）——一位亿万富翁以及无数名誉头衔的拥有者——每年都会花上两三周时间陪着外勤人员去拜访客户，直至退休。只有这样他才能知道客户究竟需要什么，以及市场是如何转变的。

一位生产部经理曾经让他销售部的同事陷入绝望，因为他拒绝在两天之内向客户提供订购的产品。他对此的解释是：企业内部的生产进程需要三天。有一天，销售部经理带他参与了一次重要的客户约见，他亲耳听到了 A 客户说的话："要么你两天以内给我供货，要么今后我就去找你的竞争对手下单了，对他们来说这不是问题。"从这时起，生产部经理不再想如何为自己的生产进程辩护，而是开始思考如何才能加快生产进程，并最终找到了解决方案。

在尝试从理性层面上向员工解释客户为什么期待变革之前，你可以干脆让员工亲自去体验，与客户的这种联系将会触发员工的情感。

如果你的手下不能去拜访客户，那就把客户请上门来吧。你可以同时邀请几个终端客户，并让他们讲述自己的经历。和一页幻灯片相比，看到站在面前的客户，并感知他们的情绪，这绝对是完全不同的体验。如果这也没法做到，那你就把客户的抱怨直接用手机录下来吧，当然这首先要取得客户的许可。如果你能让客户感受到你会重视他的诉求，并渴望将这些诉求原封不动地转达给同事,那么客户往往是乐于让你录音的。你要请求客户做到“直言不讳”，并将多段评价的话语拼接在一起给员工听。这时你的观念依旧很重要。请不要以责备的态度来放映这些视频，而是要以寻找解决方案为导向。你当然也可以将积极的评价拼接起来，积极的反馈特别能让员工开心。我很乐于建议领导们在变革结束后，组织一顿非正式的午餐来庆祝一下。如果在这个时候放上一段来自客户的视频，听听客户讲述本次变革在他看来促成了哪些改善，这么做效果如何。如果员工听到的话来自客户端，并涉及了客户感受到的积极变化，那他们便会茅塞顿开，自己的成就感也会大大增强。

同商业演员一起拍一段视频，同样是一个不错的主意。

某大型保险公司为了打破内部的官僚作风，曾经委托了若干专注于满足企业需求的演员撰写了一个剧本。在这部剧中，演员以幽默的方式，夸张地演绎了员工们被官僚作风影响的一天。这部电影以专业的方式被拍了出来，并在一次所有员工都参与的大型活动中被放映。会场中不断传出笑声，人们频频点头。尽管表现形式幽默，但电影的内容是严肃的。这个视频让人们开始把目光转移到客户的看法上。员工们必须承认，他们在工作中很多时候和电影中的演员很像，并开始改变自己的做派。在整个活动过程中，那部电影给员工们留下的印象最为深刻。

六、请使用“最优方案对比法”

思考一下在企业内外曾经有哪些类似的方案成功执行过，对推动一项变革绝对是有帮助的。你可以拜访相关的同事以及他们的部门，并让他们为你介绍经验。如果他们讲的内容令人信服，那你下次就选出几名员工一同过去，因为对事实的描述会比单纯的理论更加形象。对比一下：“皮埃蒙特[①]很美丽。”——这句话写在旅游宣传册里是一回事儿，而去那里度过假的朋友跟你颇有

---

① 意大利的一个大区，位于意大利西北部的平原。

兴致地讲述一番，则肯定是另一种效果，他的描述会让你将皮埃蒙特和个人情感联系起来。

在选择对比企业的时候，请展现出自己的创造力。这家公司绝不是一定要与你的公司处于同一个领域。在选择的时候，不要只想着著名的大公司。你常常能在“低调的赢家”身上找到有趣的方案。“低调的赢家”指的是那些拥有高出口额，但相对不出名的全球市场领导者。因为同大企业相比，这些企业收到的问询相对较少，所以他们更愿意向外人介绍自己的成就。在此类见面会结束后，你应当同员工们一起开展研讨活动，话题是：如果想成为自己行业中“低调的赢家”，那我们的变革进程应当是什么样的？

你甚至可以把外人请进门来。如果想让大家感受一次真正专业的销售谈话，那你可以把福维克公司[①]中的某个人，以及其他知名公司中的几位销售业绩出色的员工请到自己的部门中。这类积极的经历会触动员工，因为他们在看到这些顶级业绩之后，便会明白可供挖掘的潜力究竟有多大。

如果要让员工感受到形势的紧迫，或者让他们知道进步的潜力，那么上述所有的行动都是适合的。只有借助感情，你才能把员工拉上船。在变革中，很多员工来到岸边，只是为了向同事挥挥手，他们自己是不会上船来经历这次旅程的。上述的措施可以帮助你激励员工，让他们上船。

---

① 福维克是德国著名家用电器企业，一家遍布全球、并拥有多项业务领域的集团公司。

为了让自己行动的积极效果完全扩散，你既要避免引发恐慌，也要避免寻找过错者，这一点非常重要。

七、请避免恐慌的蔓延

在触发情感的同时避免引发恐慌，这就如同走钢丝一般，并不是那么容易。恐慌并不会带来正能量，与恐慌同时出现的不安全感，将会为行动和决策带来障碍。谁如果在心中隐约害怕，甚至已经有了真正的恐惧，那他一定会想保护自己，并尝试不犯错误，以避免自己被他人反感。然而，由情绪触动带来的行动能量和由恐惧造成的行动停滞，这二者之间的界限往往是流动的。通过煽动对未来的恐惧去“激励”他人，是经常会被用到的一招，然而这一招绝大多数情况下都会对动力产生反作用。

恐惧很容易让员工每天花上几个小时在脑海中处理变革可能带来的后果，而不是去工作。处理的方式包括在煮咖啡的茶水间里传闲话，以及在工作台前一个人苦思冥想。请避免引发恐惧情绪。你的行动应当让员工了解目前的情况，并积极寻求改变。为了做到这一点，你不能让无助感占据上风。员工更需要拥有克服目前局势的坚定意志。要获得这种意志，他们要对结果进行展望，要看到最终的结果至少是可以接受的，甚至是鼓舞人心的。领导者如何借助生动的语言和出色的演讲来吹响前进的号角，对此我曾有过一次亲身体验：

我曾主持过一个由 60 名领导者参与的、为期一天半的活动，这些领导者将会经历一次彻头彻尾的变革。该企业的产品销量和石油价格紧密相关。曾经，石油工业一度繁荣，所以企业做出了一次自组建以来最大规模的投资：将近十亿美元被投入了一家海外生产基地。在两年后工厂建成时，油价跌了一半。产品需求量快速下跌，企业突然陷入了极为严峻的局势中。此次活动的目的便是让领导们意识到目前的情形，并为接下来的几个月制订出共同的领导方针。员工和领导者们还没怎么意识到这场世界性的危机，因为当时国内的生产基地还都在满负荷运转。有两家生产基地甚至要加班加点才能完成已获得的订单。截至当时，企业总体的金融情况还没有被谈论过。由于拿不到订单，在海外新建成的工厂已处于停产状态。即使是对国内的生产基地而言，订购量大幅下降也是可以预见的了。此时企业务必要把领导们动员起来，但同时又要避免产生恐慌和停滞。

董事们以一个长达一小时的报告开始了此次活动，在报告中，他们以有说服力的方式，并借助出色的可视化效果展示了目前整个行业的发展情况，即很多大型跨国企业都已经在这时进入了破产程序，或者即将走到这一步。之后，他们分析了在国际范围内，有哪些因素会对接下来一段时间的贸易产生影响，这段分析中出现的数据看起来依旧严峻。我能够真正感受到，在座领导的情绪已经被强烈地震撼了。如果演讲展示在此时停止，那么恐慌将是可能出现的结果。

但董事们并没有停下来，而是回顾了企业历史上经历过的所有严峻的危机，并展示了人们是如何克服这些危机的。可以肯定的是，一百多年来，他们的企业一直都比竞争对手更加懂得如何利用这些极端危险的阶段，并最终每次都进一步加强了自己的竞争地位。在历次危机中，新的可带来利润的生产建议都会被提出，新的客户会被争取到，而产品也会以更快、更实惠的方式被生产出来。此时，会场中的能量已经明显上升。

之后，董事们谈到了公司借助自己的管理层、员工以及专业技术，掌握着哪些可以带来高效益的资源。他们介绍了几个很有希望的试点项目。董事长最后说道："如果我们现在一切都做错了，那公司两年后便不存在了，如果我们现在能把一切做对，那我们便能够以比竞争对手更强大的姿态，从惊涛骇浪中走出。"

在那次报告后，大家都明白了目前形势如何。在场的领导者表现得专注并充满活力。借助精心准备的报告，董事们完美地做到了一点，即在活动开始时便让领导了解到了事情的急迫性（现在必须要做些什么）以及同每个人的相关性（人人都必须做出贡献），但没有引发任何恐慌。

然而在之前几年，我在一个能源企业的董事会中经历过一次与"团结起来就能搞定"的积极氛围相对立的场景。这个董事会当时并没有传达急迫感和使命感，却实实在在地引发了员工的恐慌。

在一次大规模企业重组的过程中，一位以专横独断出名的董事长对我说，他已经淹没在了经理们上交的大量备忘录和记录文案中，尽管他已经多次嘱咐经理们，自己只想了解最重要的事项。其实董事长只要稍加思考，便可以找到这波信息洪水的原因。在一次以围炉畅谈的形式组织的领导层团队活动中，我曾经见识过这位董事长。他曾借助优异的口才当场批评羞辱了几个参与活动的人，仅仅因为他们提了一个针对当前变革的很有意义的问题，而这个问题不讨董事长喜欢。为了在这个专横的董事长面前保护自己，并降低遭受惩罚的风险，经理们在企业重组的过程中都会以备忘录的形式向董事长传达自己的决策。而且这个董事长还喜欢“砍掉”那些传达坏消息的人，即便传达者本人对这些消息并没有责任，或只承担部分责任。这导致他经常很晚才得到重要的消息，因为没有人愿意向他汇报。在这之后，他的回应变得更加强硬。即使到了这会儿他也不知道，经理们的这些不合他心意的行为都是他自找的。

这样的氛围当然无法推动大家广开言路。如果董事长在开始阶段就不想听那些针对变革以及可预见问题的批评性言论，那他也一定不会去考虑该如何避免可能出现的问题，而这么做的后果便是，人们不得不应付那些由自己的忽视而引发的大量困难。那位董事长手下的经理们的确有一些有关执行变革的优质建议，他们也能够很好地衡量整体局势，这一点在活动过程中已经有所体现，然而在实践中，出于对董事长批评的恐惧，大家提建议的潜力发挥得非常有限。特别要说的是，如果这位董事长读到了这几行，他一定不会觉得文中内容说的就是自己，因为他会觉得自己是一个极有能力的、“总会为提出改善建议的人打开大门”的董事长。我们绝大多数情况下都意识不到自己的局限性。

为了确定真实情况，请向自己提出以下问题。

· 你经常能听到来自下级的、针对你建议的相反意见吗？

· 你倾听的能力有多强？你是会打断自己的员工，还是让他们把话说完？你经常会通过总结他们的发言来观察自己是否正确地理解了发言内容吗？

· 在你自己发言之前，你会为了拓宽视野和思路，而要求其他同事针对你的建议发表自己的看法吗？还是你会立即谈论自己的看法？

· 你会为了能利用上员工针对某项变革的知识储备和潜力，而在必要的时候组织专题研讨会吗？

针对上面四个问题，如果你能够诚实地回答“是”，那我祝贺你。而每一个“不”都应该引发你的思考。

本章总结

1. 是否接受变革，不是由理智决定的。
2. 情绪会左右我们在变革中的行为。
3. 请让问题能够在情绪层面上被他人体验。
4. 你的态度和观念将会对最终的结果起到决定性作用。
5. 情绪上的触动会让人勇于承担责任。
6. 请避免引发恐慌。

第五章　问题 2：当所有人都开始抗议时如何将工作拉回正轨

你如何才能从容应对积极的抵制

人们并不会抗拒改变，他们只会抗拒自己被改变。

——迪恩·欧尼斯（Dean Ornish，美国医学家）

在所有需要被严肃对待的变革进程中，抵制都会出现。这里的“抵制”绝对不是指你的领导或者员工提出反对变革或变革执行方式的观点。被计划的变革步骤乃至整个变革的意义被讨论，是很正常的事，对此人们完全可以争论得激情四溢，相反观点以及替代性建议是要被允许的。曾经的大型企业在今日消失，正是因为董事会做出了错误的管理决策。我很确定，在这些企业中也曾经有领导者向董事会预先指明了这些决策的后果。如果我谈到“抵制”，那我指的绝对不是这些。能做到这些的都是有勇气的员工，他们有时甚至冒着危及职业生涯的风险来提出自己的观点。如果你有这样的员工，那你真的应该高兴。没什么比“好好先生”文化对企业的生存能力和成就带来的威胁更大了，然而决策被大多数人表决通过的那一刻总会到来。从那时候起，至少所有的领导者都要坚定地支持决策，即便他们并不喜欢即将执行的计划。

我所说的“抵制”指的不是反对观点，虽然有时候这些观点会被大声提出。这里的“抵制”指的是别的方面。在这里我想引用克劳斯·多普勒（Klaus Doppler）和克里斯多夫·劳特贝格(Christoph Lauterberg) 的定义：

“针对预计执行的决定或已经得以执行的措施，如果它们在经过缜密的考察后依然显得有意义、符合逻辑，甚至是亟须的，但由于无法一眼看出的原因，而被个人、个别小组或整个员工团体以模糊的方式拒绝，或引发了令人无法理解的忧虑，或被人通过消极的行为而破坏，这便涉及了‘抵制’。”

我还想补充一点：即便是积极的行为也可能属于“抵制”，如果它并不是为了走近变革或促成建设性方案，而仅仅是为了阻碍变革的话。

积极型抵制有一个好处，那就是领导者能知道它出现在什么地方，以及自己的交谈对象是谁。应对模糊的抵制则要难得多，因为这种抵制很难把握。绝大多数情况下，领导者只是对此有一个总体印象。比如员工们开会的时候精神不集中，随意打发时间，讨论的时候偏离话题，或在某个时刻气氛突然沉寂起来。

员工在变革过程中总会做出抵制

令人诧异的是，员工们在面对明显具有积极意义的变革时，也同样会进行抵制。我在曼海姆大学学习期间有幸参与了阿尔弗雷德·基泽教授（Prof. Alfred Kieser）的大课，并在课上获得了下面这个关于引入生产平台的案例。

在北欧的某个汽车制造厂，生产制造是在流水线上完成的。工人们不得不日复一日地重复同一种动作，完全没有调整的空间。之后人们决定引进一套局部独立的工作小组制度。在这个过程中，不同的生产平台将会被建成，每个人都要学习每一个生产平台上所需要的工作。工人们将定期更换平台，这会使工作变得更加多样化，更加有趣。除此之外，工人们还能在必要的时候，比如在生产过程中由于必要的修理工作，而造成某一台机械周围出现人手不够的情况时，为彼此提供帮助。而且与过去传统的流水线生产相比，整个生产过程都会因这套新系统而变得更加灵活，人们还能更快地针对生产中的变化以及客户提出的新要求做出调整。

除此之外还有很多非常合乎情理的原因能证明新系统更好。

然而尽管如此，车间的很多工人还是拒绝接受这套系统，于是人们请来了对生产平台有经验的工人，他们充满热情地讲述了在重组之后，工作的内容和气氛都能得到多么积极的发展，但这种激励效果很快便降到了零。车间领导者相信，他必须要给工人们提供更多关于重组的好理由。于是一些享誉盛名的工作心理学教授也被请来了，他们试图借助自己针对生产平台开展的科学研究项目，来向全体员工证明他们会在引入生产平台之后对一切都更加满意。

然而一切好理由都没有帮助员工克服无法掌握新工作的恐惧。工人们怀疑自己是否能够懂得并成功地掌握这些新任务，他们也不确定这种团队合作能否运转，以及每个人会不会冒着影响团队绩效的风险而偷懒，即仅仅付出最低的努力。即便是领班和师傅都不想要这套新系统，因为他们担心自己无法适应新的领导文化，即从发布指令转变到协调小组工作。最终企业总管只找到了一条出路：他让员工们尝试新系统，却不必承担任何风险。如果在约定的时间过后，多数员工认为旧系统更好，那么企业就会重新回到过去的流水线生产模式中。此项举措需要投入的资金以及可能的经济损失是巨大的，但在新系统投入很短时间之后，就没有人愿意恢复旧系统了。

这个案例展示出了员工在变革过程中，他们的反应和决定都是情绪化的。所有理性的原因都会支持变革执行，而反对变革的则是员工的情感，或者说是恐惧。

我们的记忆会制造阻力

为什么即便变革能带来好处，员工们还会对此抗拒？正是因为我们的决策极大程度上都是在感性层面上做出的。我们的情绪产生于大脑边缘系统（见第四章）。我们长期记忆的一部分也储存在这里，这些长期记忆会在潜意识中控制我们。长期记忆是由意识中的陈述性记忆（客观知识、个人经历）以及潜意识中的程序记忆和情绪性记忆组成的，而后者会通过其运行机制，对阻力的产生起到协助作用。

我们通过练习和重复能使一些行为流程成为下意识的，这些行为流程储存在程序性记忆中。如果我们要学习一种新的行为，比如开车，那我们必须在开始阶段专注于每一个独立的动作。这时首先被调动的是工作记忆层。随着时光流逝，驾驶的流程便被自动化了，我们不会再下意识思考它，驾驶动作已经被储存在了程序性记忆中，并可以再次被唤起，而不再触及工作记忆层。你一定曾经在开车时头脑中琢磨过其他事情，然后在开到住宅楼前的时候才吃惊地发现，自己已经到家了。在你想别的事情的过程中，你的程序性记忆已经像自动驾驶装置一样把你送到家了。

如果你由于外部环境而不得不调整一个储存在程序性记忆中的工作流程，那会发生什么呢？假设一下，你现在在一个靠左行驶的国家度假。在程序性记忆中储存的自动化驾驶流程不能正常运转了。如同一个驾驶新手一样，你必须要有意识地专注路况，并同自己下意识中的驾驶流程做斗争。这种驾驶流程会造成你转头看路况时看向错误的一侧，并在需要打方向时给你错误的信号，这些都有可能造成事故。因为你现在的行为和记忆中储存的不相符，所以程序性记忆会通过释放不愉快的情绪来发出“错误提示”。简而言之，这会让我们感觉不佳。

变革会造成相关人员必须要学习新的流程和任务。这只有通过调动意识以及完全的专注力才能实现，就像我们在驾校的第一个小时一样。这需要高度的专注，所以会让人感到紧张。人们突然觉得自己不再是一个习惯了流程的专家，而是成了一个彻头彻尾的新手。这可能就是人们时常会过度抵制新出现的信息处理软件的原因之一。可以肯定的是，绝大多数职业生涯中的变革对员工而言，首先都是紧张的、不舒服的。

作为长期记忆的另一部分，情绪记忆中储存着感受，我们会将这些感受与特定的事件以及感官印象联系起来。例如，我们被黄蜂蜇过一次之后，便会把黄蜂同痛苦和恐惧的感受联系起来。事件出现频率越高，情绪越强烈，这种联系在记忆中打上的烙印便会越深刻。如果你经常被黄蜂蜇，甚至还在此后因为过敏反应而出现过窒息，那你在看到黄蜂时产生的不安便会尤其强烈，这甚至会演变成恐慌。

情绪记忆会在很多情况下帮助我们快速通过潜意识做出决定，因为很多重要的信息被储存在这里，这些信息我们是无法下意识调取的。如果现在出现的场景与之前被当作是不舒适的，或有威胁的回忆相类似，我们的情绪记忆便会识别这个场景，并将感官印象与此类场景绑定的感受联系起来。由于理智无法借助意识来调取情绪记忆中的数据，所以我们有时无法解释这种感受。

这类在情绪记忆中储存的经历，对于变革进程来说可能不利，也可能有利，这要取决于员工在之前的企业变革中拥有哪些经历。遗憾的是，由于很多企业在主动应对员工情绪方面做得都不到位，所以绝大多数人关于变革的先前经验都是消极的。

员工也可能对变革本身并没有任何消极经历，但对变革过程中出现的某些个人行为，如专断的领导风格留下了消极印象。如果你作为领导者，在一次艰难的变革中也恰恰展现了这种作风，因为在此时这是司空见惯的做法，那么你的行为就可能引发员工强烈的抵制。员工可能会以一种让你完全无法理解的，极其夸张的方式进行抵制。

由于你永远也不可能知道员工将哪些过去的经历与什么样的情感存储在了一起，所以一旦出现上述情况，那你也只有吃惊的份儿。

但如果你能以专注的、赏识的姿态来应对员工的抵制，那你就可能会触发员工积极的情绪，这种积极情绪可以打破他们之前在脑海中储存的消极模式。你的应对方式会呼应部分已存储的模式。相反，将抵制中的员工看作否定变革的人，并借助上下级的权利来下达命令，则很可能会激发员工已存储的消极模式，并最终造成抵制的加剧。

你要看到理智的论据背后隐藏着什么

我们来假设一个场景：有一名员工感觉自己不想拥有某种东西，他的情绪记忆已经释放了不舒适的信号，但他无法解释自己的感受，因为在这种情绪背后所隐藏的经历，他已经无法再回忆起来，由于在被理智所控制的文明准则中，“我就是感觉不好”并不能算一条理由，所以他必须尝试为自己的感受进行理性的辩护。这个过程绝大多数情况下都会发生在潜意识中。理智会以极快的速度为一个不受它控制的行为找出一个合乎情理的解释，并营造出该行为受理智控制的幻觉。另一种可能的情况是，员工会很理性地“创造”出一个合乎逻辑的理由，因为他觉得，无论如何，他必须要能对自己的行为做出解释。员工会有意无意地寻找并提供合乎理性的缘由，但实际上这些缘由都是来自于感性层面的。员工的这种行为会给你这位领导者带来举足轻重的影响。

如果你询问员工为什么反对变革，你经常会得到一些在理性层面上容易被接受的理由，然而这些理由不涉及抵制的核心。你还没有将一个理由推翻，下一个反对的理由便又会出现，事情会一直如此。实际上，抵制的真实原因经常是恐惧，即对无法满足新要求的恐惧。但不会有人在小组或上司面前直言不讳地说：“我害怕做不到。我现在夜里已经睡不着觉了。”

你如何才能确定一个原因是真实的，还是被生搬出来的？当然，绝对有效的验证方法是不存在的。我的建议是，你必须拿出真正的兴趣来倾听员工，并注意自己的直觉。人们愿意谈论自己正在处理的事情，以及自己心中装着的事儿，但他们此时需要一个对别人的看法真正感兴趣的谈话伙伴。你的员工会从你的行为中感受到，你是不是真的对此抱有兴趣。

如果你真的专注于谈话，那么你的直觉会帮助你确定对方讲述的原因是真实的还是虚构的。你的潜意识会加工很多来自对方肢体语言的细微信号，而这些细微信号你的意识是感受不到的。询问一下自己“内心的声音”，或者说是情绪记忆吧。如果你的直觉对你说，对方在顾左右而言他，那你就继续倾听并提问吧，直到你觉得问题的实质已经出现。

如果你是理智忠实的拥护者，自己的直觉和内心感受在你这里早就失去了话语权，那你的直觉可能已经有些退化了，并需要重新得到训练。通过习惯于不断听取自己内心的感受，你便可以成功训练自己的直觉。

认知效应同样会造成抵制

除了记忆的运转机制以外，认知效应同样会导致员工展现出抵制行为。在日常生活中，绝大多数人只能有限地意识到这一点，但借助下面的例子，你一定会重新回想起这种效应。

我们热爱自己拥有的东西。

你在清理地下室杂物的时候一定有过这种经历。在地下室里，会不会还有几个你上次搬家之后就没打开过的箱子？在某个周末你打算清理掉这些东西。你打开了第一个箱子，拿出了一个把手已经断掉的杯子。这个杯子明显已经坏了，但你小时候一直把它带在身边。扔掉是不可能的，你微微一笑，把杯子放了回去。之后你又找出了一个镀锡的碟子，这个碟子是对你已经去世的、曾经最喜欢的叔叔唯一的纪念。之后的故事也是这样，本来你打算扔掉很多东西，但当你一件一件地审视它们时，你就什么也不想丢掉了，尽管这些东西你已经好多年不用，而且今后也不会用到。你已经和这些东西建立了某种关系。最终你只是把箱子中的东西倒腾了一遍，并重新写了标识，但几乎所有东西都还在。

对于工作岗位以及与之相关的工作习惯而言，道理是一样的。员工“占据”着自己的工作岗位，他们会慢慢爱上它，不愿意把它交出来。我们会对一些事情、地点和人产生习惯。假设一名员工搬进了一间新办公室，这间办公室和他原来的那个差不多，然而在旧办公室的窗前放着一个树木盆栽。每天早晨，他都会喝杯咖啡，端详着这棵树，然后规划一天的工作。这棵熟悉的树现在没有了，所以他对新办公室感到不满。这种效应在一些不那么舒心的场景中同样会出现，如即便某个同事总因为自己的坏脾气而让我们心烦，我们也会适应他。如果这个人换了公司，我们会怀念他制造的“噪音”，并开始想念他。

我们在“失去”时内心的感受会比“得到”时强烈得多

这种心理效应和上面讲到的内容是相关联的：我们同一个事物的感情联系越紧密，它对我们而言就越有价值。然而它在针对我们尚未习惯的事物时也同样适用。一个有趣的实验向我们展示了这种心理效应究竟有多强。

在美国的杜克大学，学生们必须要以搭帐篷露营的方式排上一周的队，才能买到他们心爱的校篮球队的比赛门票。然而即使坚持等了这么久，他们也不一定就能得到球票。如果能坚持一周的学生太多，最后则会通过抽签的方式来决定球票归属。针对某些特别重要的场次，人们在“露营周”结束之后公布了一张清单，上面写着哪些坚持下来的学生抽到了这些比赛的球票。麻省理工学院的教授丹·阿瑞里（Dan Ariely）想知道学生们觉得这些球票值多高的价。依照赢家名单提供的信息，他和他的团队假装成“黄牛”，给那些没有获得球票的学生打了电话，并问他们能为无主球票开出的最高价格是多少。学生们的平均报价为 175 美元。之后他们给获得球票的学生打了电话，问他们多少钱能出手自己的球票。你估计这些学生对自己球票的平均报价能达到多高？

正如你所想到的一样，学生的出手价会高于买价。一位手持球票的学生对此的解释是，这样一场比赛将成为他学生时期无法忘却的经历，这是用钱换不来的。实际上，持票学生为手中球票开出的平均价格高达 2800 美元！

在工作岗位上，这种效应意味着我们在面临改变时，会将我们目前的职位看得非常美好。我们会很强烈地感知到自己曾经拥

有的、但即将放弃的优势和利益。而别人承诺的，是否即将取代当下的美好未来，却还是未知数。也可能一切都会变得更糟，谁知道呢？

我们会专注于消极的方面

这一点也是一个有趣的现象。想象一下，假如某项变革可能会让一位员工的工作环境在十个方面发生潜在的改变。其中一个方面也许是收入，他的收入可能会提升、不变，或是降低。另一个方面可能是工作内容，他的工作可能会更加精彩，也可能维持现状或变得更无聊。假设最终结果是其中八个方面保持不变，而有一个方面变好了，还有一个方面变差了，那么总的来看结果应该是不好不坏。然而员工们在绝大多数情况下会怎么看待这一切呢？其中八个不变的因素会在脑海中被完全忽略，那个变好的因素在很大程度上会被看淡，而唯一的一个恶化的因素则会膨胀很多倍。所以，主观认知会觉得最终结果明显变差了，正如下面的案例所展示的一样。

一个我熟悉的跨国企业拥有一幢漂亮的，并且在建筑构造方面具有很高品质的总部大楼。当高层决定将企业总部迁到其他城市时，他们希望新总部大楼保留旧楼的高档次，甚至还能在品质方面更进一步。他们让一位明星建筑师设计新大楼。大楼内部空间构造参考了最前沿的工作心理学知识。除此之外人们还采访了企业员工，询问他们希望新大楼与旧楼相比有哪些改善。所有这些改善建议都得到了落实。新大楼堪称完美。整个欧洲的建筑师和工作心理学家纷纷赶来，只为了能参观一下这座美轮美奂的办公建筑。能在这里上班真是如同美梦一般。

然而新大楼中有一个元素却没有像过去一样美好，这个元素就是员工食堂。具体来说，有少数几道菜没能维持之前的水准。周五曾经是大家喜欢的“猪排薯条日”，遗憾的是，包裹猪排的面糊不像在老食堂中那样脆了。现在员工之间都会聊些什么呢？没错，正是品质不佳的猪排，以及食堂中其他一些重要的“退步”。企业高管几乎无法理解这一切。

除了上面提到的认知效应以外，还有一个因素也会决定员工将要展现的抵制会有多剧烈。

五个逻辑模型让你搞懂为什么员工会抵制

逻辑层级的概念是由美国人罗伯特·迪尔茨[①]（Robert B. Dilts）提出的。他于 1980 年末创建了逻辑层级模式，其主要服务对象是心理治疗领域。现如今，经理们并不怎么喜欢那些以“心理”开头或以“治疗”结尾的词，但事实上，心理疗法总会专注于如何帮助人们化解障碍，让他们获得能改善其未来的新视角和新的行为方式，而这与你作为领导者在面临员工抵制时要做的事十分贴切。所以，认真地观察这个由五个逻辑层级构成的模型，绝对是值得的。该模型会为我们解释抵制行为，因为下面这条规则总能被不断证实：

① 罗伯特·迪尔茨：神经语言程序学国际顶级大师，被公认为是迄今为止对该学科贡献最多的人。

一般情况下，变革进程要求员工调整的逻辑层级越高，需要预计到的阻力就会越大。

1. 身份认同：这包含了针对我们个人的根本性描述。例如：我是男人 / 女人，我是父亲 / 母亲。对绝大多数人来说，他的职业和职位也属于身份认同的一部分。

2. 信条：信条是一些内容简练的句子。我们会有意识地相信这些句子的内容，但在很多情况下，这种笃信也会发生在潜意识中。信条组成了我们认知系统的过滤网，并决定了我们看世界的方式。比如，某人如果认为生活是艰难的，是不公平的，那么他便会优先感知到那些符合此信条的事件。而处在信条对立面的事件则容易被过滤掉，甚至被曲解。（例如，“他帮助我只是因为他能从中获得好处。”）

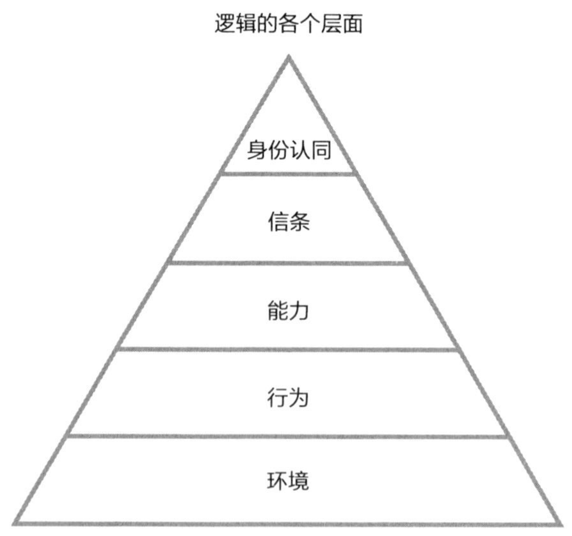

3. 能力：这里指的是人们可以借助自己的人格、意志、耐力、智力、感情以及经验做到的所有事情。

4. 行为：这里指的是人们在某一个具体的情景中的表现，即他将会如何行动，以及如何回应来自他人的刺激。

5. 环境：“环境”这个概念包含了所有能对人产生影响的外部条件。在职业的范畴中，“环境”涵盖了工作地点、领导、员工等元素。

你所期待的改变所属层面越高，那么需要预计到的来自相关人员的阻力也就越大。你的生活经验以及健全的理智将会证实这一点。例如，如果企业要解雇员工，那这种行为几乎一定会触及员工的身份认同，特别是在德语区中，我们很愿意用自己的职业来定义自身。

举例来说，曾经有一批员工在某德国中型企业中工作了几十年。他们富有经验，并对“自己的”企业以及自己做出的贡献非常自豪。然而该企业却突然被某个美国企业接管了，企业方针也调整到了专注销售和降低成本上。这些员工突然觉得自己不再是企业的骨干，而是成了“老化的人力资源”。这个词出现在了某个内部策略文件中。新的厂区经理们按照文件行事，并希望借助清偿方案彻底甩掉这些“老化的人力资源”。老员工的职业认同感瞬间崩塌，最终结果便是强烈的愤怒、巨大的悲伤，以及必然会出现的抵制。

逻辑层面模型在另一个方面也展示出了它的说服力。迪尔茨指出，如果心理治疗师（对应本书中的变革领导者）想在自己的咨询对象（员工）身上取得疗效，那他必须要在正确的层面上进行干涉。如果心理治疗师选择了错误的层面，那他的治疗即便持续数年也不会取得效果。

涉及逻辑层面模型中较高层面的改变，总是会明显地影响到其下方的层面，反过来，涉及低层面的改变对其上方的层面几乎不会产生影响。

为了能使相关措施得以执行，经理们要思考一个问题，即改变将被要求在哪个层面上出现。

一家全球前五强的审计公司在二十世纪九十年代的一场危机中，营业额突然出现了巨大的问题，很多之前一直是满负荷工作的审计师突然都拿不到审计业务了。公司必须要迅速获得额度相当的订单。由于很多审计师一直都为相同的公司服务，所以他们也非常了解这些客户。顶层领导想要敦促审计师积极地发掘并向客户提供额外的业务。由于审计师们目前为止几乎没做过业务拓展，所以高层为几百名审计师安排了一个为期两天的培训课程，以便让他们掌握获取新订单的方法，并训练他们的新技能以及新的行为方式。然而这一整套耗资巨大的措施却收效甚微。为什么呢？因为这种干涉发生在了错误的层面。问题并不在技能和行为方式上，而是在审计师的信条上。一名审计师不仅接受了高等教育，还需要在至少三年成功的职业生涯后另外通过审计师资质认证，这个认证是由七个四到六小时的笔试构成的。因为审计师属于公职，所以只有通过这个资质认证以及满足了其他一些前提的人，才能入职并宣誓。审计师最重要的职业义务之一便是要独立、不偏袒、无成见地工作。但这三点精神与明显带有推销性质的客户问询谈话究竟搭不搭呢？这才是问题所在！如果要描述“完美审计师”的职业特性，那他们中的绝大多数都会将二手车经销商、保险业务代表以及上门推销员当成反例来看待。所以，“我不是上门推销员！”是他们用来批判业务拓展的信条。只要人们不改变审计师的信条，那么针对业务拓展技能的课程都是毫无用处的，因为这些技能绝不会被利用。

令人吃惊的是，没有哪个审计师展示出了针对上级命令的抵制，即在未来工作中加强业务问询，以及为了达到这个目的而参加培训课程。抵制的缺失是一个非常严重的警告信号，因为这几乎总会意味着，没有人相信措施真的能被执行（我们马上就会读到这一点）。上面的案例便是如此，因为审计师们没有被分配任何销售额任务，所以他们会乖乖地去参加培训课，熬过这两天，却不会对自己的行为做出任何改变。然而，改变审计师的信条，其实是很可能实现的，因为他们中的一些的确在做市场拓展，并且借此达到了这项职业能达到的最高层，他们的任务已不再是做审计，而是以建立新联系，赢得新生意为主。应当传达的信念本该是：审计师都是水平高、智商高、行为正派的人，而他们中最优秀的人还可以额外完成市场拓展。这个案例很好地证明了，如果你在错误的层面上进行干涉，便无法带来改变，以及在措施起始阶段，抵制的缺失往往意味着问题的出现。

你已经看到了，有很多因素都会造成可以预见的抵制。这些因素包括：

· 情绪过山车（见第二章）；
· 程序性记忆和情绪性记忆的工作模式；
· 消极的认知效应；
· 改变所处的逻辑层级（依照迪尔茨的理论）。

这些因素都会导致人们在变革过程中几乎总会进行抵制。你不需要把所有的因素都记下来，最重要的是下面这句话：

抵制是正常的。你可以安心地预料到它会出现。

实际上，你不应该将抵制仅仅看成是一个可恶的现象，你甚至可以将它看成积极的信号。

来自员工的抵制是好事

我并不是说这种抵制让人感到舒服。我完全清楚，在执行变革的过程中，它会被领导者当成一个有问题的、牵扯精力的元素。尽管如此，抵制依旧是好事，为什么呢？

抵制意味着人们在认真对待你发起的措施，以及员工相信你这位领导者能够将措施执行下去。你能遇到的最糟糕的事，莫过于抵制没有出现，因为一般情况下，这意味着你的员工并不相信你能搞定某件事，或者员工借助自己的经验断定你的项目运转不起来。无论是哪种情况，人们都没必要做出抵制。情绪性记忆并没有通过生成消极情绪的方式来释放警示信号，因为记忆层没有感受到危险，“情绪过山车”并没有启动。

一个新上任的领导接到了一个重要的项目，并对此非常高兴。没有哪个相关员工抵制这个项目，这让他感到很轻松。之后他才确定，这个项目发起的背后是有政治目的的。对董事会来说，该项目仅仅有掩人耳目的作用。因为除了新来的项目领导者之外，所有人都明白这个项目永远不会被重视，所以也没人对此展现出抵制。

这么看来，抵制的缺失才是强烈的警示信号，而并非抵制的出现。企业中经常会被制订的指导方针，便是一个关于抵制缺失的好例子。为了制订这些方针，来自不同部门的代表们会组成一个工作团体，并一起讨论该如何领导这个企业中的员工。结果往往是一个包含了积极方针的目录，而领导层中的所有人员都会乐呵呵地在目录上签字。抵制是不存在的。为什么呢？因为没有人会认真对待这些方针，就如那句经典的话：“我们要敞开心扉，真诚地同彼此交流。”可惜的是，现如今经理们的自我意识都太强，他们并不是很能承受针对自己言论的批评。没有哪个员工会因为这条方针，就敢于开诚布公地告诉上级自己的看法，轻信这些方针的风险实在是无法估量。

我曾在某个大中型企业中做过一次报告。那里的人告诉我，在第二天会有一个研讨会，届时在以前的会中被确立下来的 25 条指导方针将会被缩减，最终“只”留下 16 条最重要的。我在晚餐时问了董事长，他是否觉得这么做有意义。董事长笑了一下，说道：

“5条就够用。”他说得太对了！

假设一下，公司领导如果只下达3条最重要的，可能会带来不适的新方针，并告知今后将如何确定并检测每一位经理在日常领导工作中的执行情况。那么抵制会出现吗？一定会的！

抵制的缺失，明确地标志着没有人相信变革会得到执行。

从另一个方面来看，抵制依旧是好事。在变革规划期间，领导者向员工解释了整个行动的意义，所有人都表示赞同。然而虽然接下来几周大家都忙前忙后，但没有什么具体的措施得到执行。很明显，能量在某个地方被堵住了。现在领导者必须要问问自己：“我应当打开哪里的闸门，才能将执行所需要的能量释放出来？我该怎么找到它？”答案便是：

抵制将会告诉你，可以被释放的能量都堵在了什么地方。

从以上两方面来看，抵制都拥有积极的信号作用。然而并非每一种抵制都是好的，这其中有一个例外。

来自领导者的抵制才是要命的

真正关键的并非是来自员工的抵制，而是领导者对此的反应。他们中的不少人都会觉得自己被冒犯了，并会从自身的立场出发，向员工展示出自己无厘头的抗拒心理，而不是去迎合员工。领导者拒绝分析在员工抵制的背后究竟隐藏着哪些需求和情绪，一系列奇特的连锁反应便出现了：员工不喜欢一些事情，他们做出抵制，这一点让领导者感到厌恶，然后他们也同样展现出抵制情绪。现在的问题是：这两个阵营中的哪一方应当先化解自己的抵制情绪，并接近另一方呢？一个小小的提示：其中有一方可正是为此而拿薪水的。

遗憾的是，领导者很少能以尊重对方价值的方式从容应对。领导者对员工抵制的一般性回应，往往是由以下三重旋律组成的：训诫、忽视、刺激。

1. 训诫：领导者不断重复那些针对变革的理性论据，但你作为读者已经知道，这么做注定是徒劳的，因为增加理智的分量并不能在情绪层面上带来改变，员工会觉得领导者并没有谈到关乎他们的问题。

2. 忽视：领导者表现得就好像什么都没发生一样，并刻意避开恼怒的员工。很多领导者在部门内部气氛紧张时，外出约见客户的安排都会多得不可思议。

3. 刺激：领导者会用上最后一招，即运用职位权利来达到自己期待的效果。他会威胁个别员工，如果他们无法满足自己的期待，将会出现哪些后果。然而压力往往只会带来反向的压力，或者照章办事的做派。

这三种应对方式都会带来严重的弊端，它们将：

· 带来信任的缺失；

· 引发恐惧和愤怒；

· 造成更大的抵制。

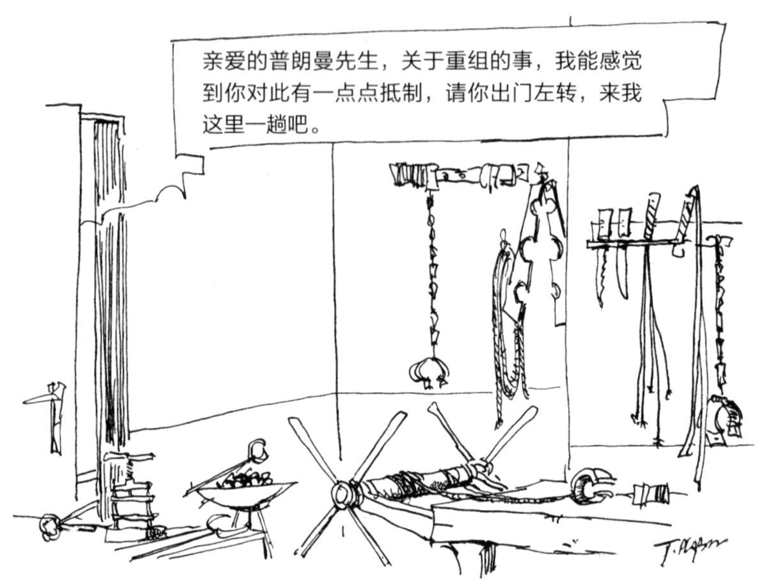

领导者往往不会看到，他们是如何为阻碍变革进程“做出贡献”的。只有当领导者没有或很少与员工交流时，或者他们在交流过程中抱着错误的观念时，员工的抵制行为才会真正变成一个难题。

作为领导者，如果你以训诫、忽视或刺激的方式来对待员工的抵制，那么抵制的强度很有可能会增加。

令人吃惊的是，一生都坚持用这三招来应对抵制的领导者，数量实在是太多了，尽管他们之前从未因此而获得理想的结果。然而这一点也恰好证实了我们作为人类，是多么愿意固守过去的习惯（见第七章）。

那么问题来了，作为领导者，应对抵制的最佳方式是什么呢？在下面的部分我们将研究这个问题的答案。

请调整自己的观念

在同有抵制行为的员工谈话之前，很多领导者并不会做准备。即便他们会为此准备，那也是主要在语言表达方面做文章。然而，真正具有决定性的却是另一个元素：你的观念！领导者经常要面对的一个问题是，那些抵制变革进程的员工，平时往往也属于喜欢"思前想后"的人，而并非喜欢"大胆表现"的人。领导者头脑中常常会有这个想法："上帝啊，这个人为什么恰好在我们部门，难道我的麻烦还不够多吗？有那么多岗位，为什么他一定要在这里工作？我真希望能摆脱掉他！"简而言之，这是一种"你乃蠢货"的观念。"我现在要让他清楚自己就是个蠢货。"——如果你带着这种观念开始谈话，那会发生什么？是的，无论你引导谈话的技术多么高超，员工都会察觉到你的想法。你的语言表达已经不重要了，因为你的观念已经让一切都变得暗淡。我们人类会不断通过表情来释放微信号，而对方则会在潜意识中捕捉并解读这些信号，如紧张引发的嘴角抽搐、不自主的眉毛上扬，或者硬挤出的微笑。相关研究表明，人类能够释放超过 3000 种不同的情绪信号。

你有能力主导一次"完美"的谈话，完美到任何劳动心理学家阅读了交谈记录稿之后，都会为谈话内容而向你道喜。然而，如果隐藏在交谈背后的观念有偏差的话，谈话一定会失败。你的谈话伙伴会捕获你发出的微信息，并在潜意识中感受到你是如何看待他的。事情反过来也是如此：我曾经经历过有人在一次危急的谈话中运用了不恰当的语言表达，这种表达足以让对方发火，然而对方并没有发火，因为他感知到了谈话伙伴内心对自己的态度是善意的。所以，下面这句话是本书最重要的规则之一：

你内心对谈话伙伴的看法是最重要的，这是决定谈话成功与否的关键。

你也许做不到对一个已经让你的神经饱受摧残，目前也还在抵抗的员工抱有强烈的好感。然而作为经理人，至少拿出客观中立的姿态，避免“你乃蠢货”的观念，却是你分内的工作。为了做到这一点，你要对他人的看法敞开心扉，你的观念应当是：“我已经准备好认真倾听对方的观点，并在此时毫无保留地从对方的角度出发看世界。”如果能做到这一点，你便很有机会化解来自员工的抵制。

走近抵制者并倾听他们

如果你在变革进程中感受到了来自个人甚至整个小组的抵制，那你应当主动靠近他们，并与他们谈起你所观察到的行为。有些领导者会说：“我的大门一直敞开，谁想来都可以。”也许吧，但你不能指望着处在“情绪过山车”中的员工主动来找你，这时领导者必须要迈出第一步。

如果你要在一次会议中同某人或某个小组进行交谈，那么请使用简单的、尊重对方价值的，但同时也是开门见山的话语。例如：

我想同你谈一件让我一直很挂念的事。如你所知，咱们现在正处于变革之中，变革的执行在我看来很重要。我能感觉到目前

科室中缺少能量，动力的缺乏固然有其合理的原因。我觉得重要的是将你拉上变革这条船。我认为你现在还不在船上，我问自己，为什么你没上船。原因在我身上吗？是因为我的一些行为让你排斥变革，还是有什么别的原因呢？

请不要指望员工的回答能像子弹一样穿膛而出。你需要忍受此时出现的停顿和沉默，迟早会有人开始说话的。如果没有人开口，那你便可以继续回应道："大家一言不发，这让我觉得自己的猜测并非完全错误。"之后你应当继续等待，早晚会有人先发言。请倾听对方，而不要参与讨论！这时员工们会仔细地观察你的反应。如果你立即尝试用相反的论据来驳斥员工刚刚说过的话，那么对话在开始之前便已经结束了，无论你的论据有多么出色。

倾听那些处于抵制状态的员工，直到他们把所有的话说完。请复述你已经理解的内容，在这之后，你才应该开始发表意见。

员工的抵制是有原因的。如果员工自己清楚这些原因，那你作为领导者，当下的任务便是将它们找出来。要做到这一点，真正地倾听员工是必需的。很多经理人都并非优秀的倾听者。要想了解他人的看法，我们需要摒弃偏见，并展现出兴趣和耐心。绝大多数领导者都更愿意谈论自己对一件事的看法，并在没有正确理解对方观点的情况下，便开始解释为什么对方需要改变想法。所以，请你倾听，并在此时用他人的视角来感知这个世界。我的推荐是：请你走进抵制者，并倾听他们。而不是：请你走近抵制者，以便与他们展开讨论。然而这需要经理在人格方面具有相当高的成熟度。请你容忍对方论据中（所谓的）错误，当下最关键的是对事情有一个总体印象。

谁如果在冲突过程中参与过澄清或调停工作，那他一定会拥有下面这条经验：永远不会存在一方有理、另一方不占理的情况，绝大多数时候，如果从双方各自的立场出发，那么双方的观点都有道理，都可以被理解。问题的关键并非“有理”或“没理”，也并非“正确”与“错误”，而是要去理解对方的立场。

遗憾的是，一旦出现有不同想法的人，我们往往会运用“终结者模式”来对待他们。即便我们努力地倾听，我们内心的“终结者”却一直在等待那个扫平敌人的最佳时机。一旦批评者的论述出现结构混乱，或者前言不搭后语，我们内心的“战斗部”便会苏醒，它会给机关枪装弹，然后就是那句“再见了，宝贝！”在这个时候，借助自己切中要害的辩驳将员工击倒，是一件轻而易举的事儿。然而你的任务是对自己心中的“终结者”说，他此时应该坐下来，并给武器上好保险。最理想的情况是，你已经在思想上为谈话做好了准备，并将内心的“T800 终结者”提前留在了家里。如果你本人已经在场，那你并不需要他的同行。

让自己进入内心宁静的状态

请为交谈做好准备。众所周知，一些日本武士在比武或决战前会进行一次茶道仪式，因为这会帮助他们抚平思绪，扫除杂念。一旦脑子里装满了正在高速旋转的思绪，那我们的头脑中便没有剩余空间来接受并正确回应对方发出的信息了。如果抵制的出现是在预料之中的，那你务必要好好准备这场同员工或某个小组的交谈。你最好不要让这次谈话发生在一次紧张的会议或者一项高难度的工作之后。不要匆匆忙忙地去参加谈话，而是要在思想上做足准备。在谈话前你可以散散步，或者闭上眼睛，以便让自己的思绪平静下来，做一做深呼吸。

如果你有孩子，那你便会知道，作为家长，我们同样会受到情绪以及当天状态的影响。如果我们已经度过了一个很紧张的白天，那我们很容易就会表现得过于激动。一旦孩子做了一些不该做的事，那我们的嗓音便很容易变得尖锐刺耳。而一旦内心的情绪松弛下来，我们便会在同样的情形下蹲下来，与孩子平视，并用平静的声音向孩子解释为什么他的行为不合适。我们对他人行为的反应总是与我们的精神状态息息相关，作为领导者，你有义务在谈话前找到内心的宁静，以便能让自己带着正确的态度，心平气和地进行谈话。

保持从容的状态，不要觉得一切都是针对自己的

一旦员工陷入愤怒的状态，他们可能会以一种直接的，对你的领导工作缺乏尊重的方式来描述自己的诉求。总会有个别员工口无遮拦，并且说话时在措辞方面显得不够细腻。耐心地倾听那些措辞强硬的，有时甚至完全没有道理的批评，对于领导者而言绝非易事。特别是当你在口才方面比批评者更胜一筹时，想要保持平静，的确需要内心的克制。尽管如此，你还是应当为此而努力。请不要打断对方，而是继续倾听。你应当想到，很多人并没有学习过如何以充满建设性的、尊重对方价值的方式来描述自己的批评意见。你作为领导者，很可能在这方面接受过训练，但你的员工并不具备这个优势。你应当感谢那些真诚的反馈，即便它们的外包装并不十分美丽。如果你试图在小组成员的面前击垮一个人，那么可以肯定的是，今后守口如瓶的一定不仅仅是这位被击垮的、缺乏安全感的员工。“我不能再忍了！”——此时在你内心怒吼的，正是你的自我意识。你要控制住自己的自我意识，展现出谦卑的姿态。当然，这种控制也是有底线的，但是和往常相比，你此时应当让自己干预的底线再降一降。

在面对批评时，你也应当想到：对一个人的交流方式以及交谈内容影响更大的，是说话者本人，而并非你这位信息接收者。

一个人的论述能展现出他的世界观和视角。也许你就曾有过这样的邻居，他们喜欢抓住每次机会来对一些事骂骂咧咧。这种交流方式只能证明，谈话者将自己的关注点放在了消极的方面，这与某件具体的事情无关。同样道理，你对于员工行为的应对方式，也将在很大程度上展现出你这位领导者的特质。请努力保持自己的参与感[①]，并借助提问来引导谈话。如果你自认为已经明白了对方的关注点在哪里，那么请将听到的核心信息用自己的话复述出来，并确定自己的理解无误。通过如“我能感觉到你非常气愤，并且愿意更好地了解你生气的原因”这样的话，你可以将员工强烈的情绪反射回去。员工会仔细观察你的行为方式，即你是保持开放的态度，继续提出问题，还是已经被激怒，并准备开始反击。

请让冲刷的大雨落下

作为领导者，当员工为一些事情愤怒时，即便你并不是责任人，有时候也得充当避雷针的角色。愤怒的缘由经常会是顶层领导的行为或一般性的企业政策。如果员工身上已经积攒了些许怒气，而你恰好在这时问他们为哪些事心烦，那你或许得不到彬彬有礼的答复，而是会被一阵暴风雨惊呆。如同暴风雨一样，这样的情绪宣泄过后便会出现平静轻松的氛围。积聚的压力已经消失，正是从这时起，高效的工作又重新成为可能。

重要的是，即便你不是造成这一切的原因，你也要允许员工

---

① 关于“参与感”这个话题，你可以在 www.leadershipjournal.de 网站中的《人性》专栏里找到一篇文章。

用言语来发泄情绪。因为员工没法告诉董事层或整个企业自己为何愤怒，所以你有时候要充当这个“中间人”，但你千万不要错误地认为员工的批评都是针对你的，而是要像避雷针一样，将这些批评和积聚的情绪都引向地面。你最好能将员工的论据都记在挂纸板上，并保持外表和内心的平静。如果你能在此时表现沉稳，并尊重对方的价值，那你不仅能化解紧张的气氛，还能为自己建立信任。如果你还不敢面对这一切，那就从外部找来一位谈话主持人吧。有经验的专家明白此时该如何处理。

敢于做那个提及“那匹死去斑马”的人

员工们并不总会主动聊起棘手的事情，然而避免谈及那些正在牵扯大伙精力的话题，这本身也会引发抵制。

假设我们正在面临一次重组。所有人都害怕重组会带来减员，因为之前的重组就是如此，然而没有一个员工敢于说出这个集体性疑虑。这种情形就如同在开会时，会议圆桌上躺着一匹正在腐烂的斑马。每个人都能看到它，每个人都能闻到它，然而却没人发表意见。人们不得不探起身来，才能让视线越过这匹斑马，从而看到其他与会的人。这种情形是非常不正常的，作为领导者，谈起这匹斑马是你的职责。例如你可以说：“我能想象到你已经在考虑可能出现的减员了，因为这种情况之前就出现过。”

如果某个话题已经被员工惦记着了，或者就在他们眼前，那么一旦领导者谈及这个话题，他的行为便可能会在很大程度上为员工减轻负担，并让他们对变革持开放态度。即便你无法释放安全的信号或者做出承诺，情况也会如此发展。哪怕仅仅是聊起那些耗费我们精力的话题，也可以化解紧张气氛，让能量释放出来。

寻求反馈，并明确立场

为了能让抵制力瓦解，让能量释放出来，你首先要知道员工究竟在抵制什么。举例来说，以下几种情形都是有可能出现的：

· 员工并不理解此次变革总体的意义和目的。

· 员工接受了变革，然而对既定的执行方式或变革的某些部分并不赞同。

· 员工接受了变革以及执行变革的步骤，然而不能接受你这位领导者应对变革的方式。

现在问题来了：你怎样才能知道大多数员工究竟在想什么呢？员工们并不会每周给你上交关于小组内部氛围的报告。除此之外，你的地位越高，能听到的反馈或批评就越少。所以你必须积极地寻求反馈，并且忍受这些反馈——后者显然会难得多。

绝大多数经理并不是很会面对批评，虽然他们的声明恰恰相反。这会让其他人不敢再对他们提出批评。特别是董事长们，他们有时会高傲地生活在另一个世界中，他们的世界与员工的基本工作以及客户的日常毫无关联。作为领导者，你的任务是在大多数员工已经愤怒，或谣言正在传播的时候，确保自己能够知晓目前的情形，不仅仅在变革的过程中，而是在每时每刻。

要知道是什么打动了员工们。有很多方法都能让你了解到员工在想些什么，目前存在着哪些阻力，以及在此背后隐藏着哪些诉求。寻求与员工的直接对话，只是其中一种方式。将多种方法组合起来使用，通常是有益处的。

· 同你的下级领导交流一下他们对员工的观察，以及他们是如何解读自己的感触的。

· 让少数几个值得信赖的人定期向你透露一下，员工们用手遮住嘴巴时都在谈论些什么。这些信息要涉及整个团队的观点，而并非为了告发个别员工。

· 选出几个有集体感的、值得信赖的，并因此而被其他人接受的员工，委托他们收集大伙的问题和疑虑，并以匿名的形式将这些信息汇总给你。你之后要为所有人回答这些问题。

· 建立一个由员工组成的反馈小组。这个小组有一个正式的任务，即定期向你反馈员工们的诉求、疑问以及恐惧。

然而，获得反馈最重要的途径是定期走进员工们的办公室，与他们交流。如果团队整体氛围不佳，或者大家正处于愤怒的状态中，那你当场就能感受到这一切。有些东西，我们在报告中读不到，却能在看着别人的眼睛时清晰地感受到。气氛这个东西很难用文字去描述，我们必须要通过直接的交流来感受它。你务必要定期寻求这类交流。

表态

你可以通过不同的方式来回应关于抵制行为的反馈报告。所有这些方法都会帮助你同员工展开谈话，并更好地理解员工的看法。

· 同抵制力度有所加强的员工展开单独谈话。

· 在普通会议的框架内，与出现抵制行为的团队展开谈话。

· 亲自主持一场特地为此而开展的研讨活动。

· 让一位专家来主持研讨活动。你可以在活动的最后出现，以便当场就能对刚刚讨论出的解决方案做出决定。

美国通用电气公司（General Electric）便是通过下面这种研讨形式来确定抵制行为的根本原因的。

员工的研讨活动：

1. 员工们在公司之外的地方见面。此种会见形式以及大家随意的穿着，表明了此次研讨活动并非正式的商业会议。

2. 主持人与各个团队共同收集大家的批评和疑虑，并研讨出具体的解决方案。上级领导在整个讨论的过程中均不在场。请为此安排出时间，以便让员工们释放压力。这会帮助你化解抵制力，并为积极方案的形成创造空间。

3. 每次研讨活动的最后，所有的批评意见及相应的解决方案都会被一起介绍给领导者。领导者听取解决方案后，会立即将自己的决定公开。一般情况下，80% 的解决方案都会迅速得到“行”

或“不行”的答复，而剩下的20%则必须要在一个月之内被决定下来。

是选择一种能让员工当面做出反馈的方式，还是选择一种匿名的、间接的反馈方式，这取决于一系列不同的因素，如企业文化、问题的急迫性，以及他人对你的信任等。如果你公然地同某个小组谈起了组员的疑虑，但没有人针对你的问题发表意见，那这就说明你选错了方式。在这种情况下，也许在一个能够保护员工个体的框架内开展的匿名访问会更有意义。相反，如果你与员工的关系还不错，却没有以直接的方式，而是通过中间人来获取反馈，那么你的行为可能会给员工带来距离感。

本章小结：

· 在变革的过程中，员工总会做出抵制。

· 我们的记忆会生成抵制。

· 感知的效果也会造成抵制。

· 抵制的强度会随着逻辑层面的升高而增大。

· 员工的抵制是好事。

· 来自领导者的抵制是危险的。

· 请加工自己的观念。

· 走近抵制者，并倾听他们。

· 获取反馈并对此做出清晰的表态。

第六章　问题 3：当一切都已瘫痪时如何带领团队走出困境

你应当用这种方式带领员工走出混乱的转折阶段

欲变世界，先变其身。

——圣雄甘地（Mahatma Gandhi，印度民族解放运动领导人）

变革的进行有两种方案，其中一种便是允许旧模式和新模式在一段时间内共存。而此后旧模式不再有效，新模式却还无法正常运转。绝大多数情况下，这两种模式的过渡将会带来一个混乱的阶段。员工们会觉得自己如同走钢丝的演员一般，正位于钢丝的两头之间，他们已经离开了一端，却还没有到达另一端。

每一次变革都会包含一个混乱的阶段

另一种变革方案则是要求全部系统都从某个规定的时间开始悉数转型。乍一看，与新旧模式平行存在的方案相比，该方案造成的混乱会小很多。但实际情况是，虽然从外部看来，变革已经在规定的日期被执行，企业的组织结构、进程以及系统也都在一夜间得以调整，然而这天过后，员工的脑海中却依旧保留着过去的感知、思维和行为模式。外部的变革已经发生，员工内心的变革却还没有。一旦员工们开始了自己内心的变革，那么混乱的出现依然是可以预见的。无论变革是分步执行，还是在某个规定的日期发生，你和你的员工都会不可避免地进入一个混乱的时期。

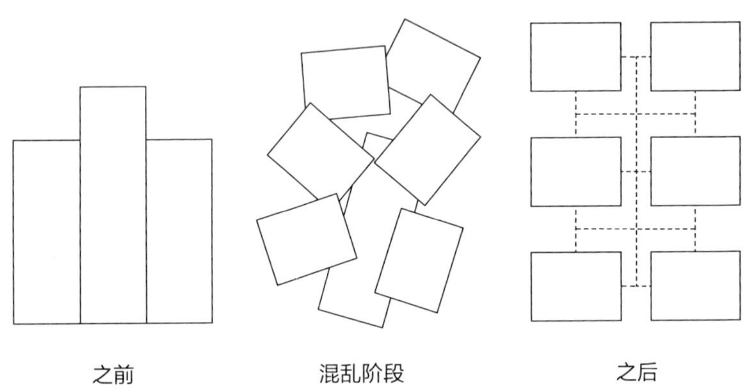

只有当员工们在情绪层面上接纳了变革，并能让自身行为与变革长期呼应的时候，变革才算完成。然而有时候，这一点却会被变革的发起者轻视。他们认为，一旦外部的改变都已结束，那变革也就完成了。

比如，我曾经在某公司中经历过一件事：该公司在所有的电脑中安装了一款昂贵的、用于管理项目以及客户关系的软件，并且让所有员工都接受了一次简短的使用培训。董事长当然觉得，通过这种方式，项目管理理念以及以客户为中心的思维方式就能被引入公司，就仿佛员工的头脑也会随着软件的安装而被更新一样。过了一段时间董事长才发现，这款软件根本就没人用。一笔不菲的投资就这样被毫无意义地浪费了。

上述案例也同样适用于针对整个体制结构的变革，如为了降低成本、缩短流程耗时、拉近与客户的距离而做出的改变。有不少企业尽管为此投入了大量资金，却不得不在一段时间后回到原有的体制模式。如果员工不调整自己目前的工作流程，而是依然遵照旧体制中的理念来工作，那么新体制就无法创造经济效益。所以，你必须要做到带领员工穿越混乱阶段，并通过自身努力让新的内容被接受、被践行。那么作为领导者，你应当为此做些什么呢？

清晰地展现出该计划才能让人信服

无论何时，一旦改变发生，员工们一定会用他们敏锐的目光来跟踪观察你的行为。由于你比员工掌握了更多的关于变革的信息，并能更好地判定这次变革究竟有多重要，所以一旦你不愿在接受新事物方面做出榜样，也不愿花费时间和精力来执行变革，那你就会为所有人传递一个可以松弛下来的信号。这么做的后果便是员工们都会回到习惯的模式之中。员工们在自己的职业生涯中已经经历过一些声势浩大的动员。他们知道，领导是接到上级的命令才吹响冲锋号的，而他本人是否认为变革具有意义并相信变革能被执行，这些都与他的号召行为无关。我们人类是一种懂得节省精力的生物，如果可以，我们便会走那条阻力最小的路。为什么要把时间和辛劳献给一件注定没有成果的事情呢？执行这个项目，人们一点好处也赚不到，因为领导者显然都不重视它。

作为领导者，你要发挥自己的榜样作用，即必须要长期以身作则，践行新规则。仅仅靠抓住一些机会，以具有公众效应的方式来诠释这些规则，是没有什么用的。你要让他人在日常小事中也一直都能观察到你的行为。如果你做不到这一点，那你就要做好员工们对此有所察觉并加以议论的准备了。永远不要低估位于楼梯间的这座“电台”，它的信息接收和信息传送能力是不可思议的。

你的参与度将成为衡量你对某件事重视程度的重要指标。如果一组员工对某个议题负责并需要推动相关进程，那么通过经常参与他们的会议，你将清晰地展现出自己对此议题的兴趣。当然，在刚进门时，你务必要和小组成员说几句话，表明自己对这个项目有多么重视。你未必参与整场会议，只要在会议开始或结束阶段到场听听他人针对现状的汇报，通常就足够了。你当然也可以把项目负责人请到办公室来听他汇报，但这种做法没有公开的信号效应。通过亲身参与会议，你还有机会感受一下团队在变革过程中的气氛和能量。在其他团队的会议中，你可以再次提到之前的项目及其进展情况，通过这种方式，你会让员工知道自己掌握着信息，并对该项目抱有兴趣。

找准这七种特征，让你的团队充满战斗力

有一点是肯定的：作为领导者，如果你想靠一己之力来计划并执行一次变革，那这种尝试肯定会失败。你无法独自完成这样的计划，因为它复杂、耗时，并与团队间的互动有着非常紧密的联系。你应当考虑一下，要将哪些人从一开始就拉上船，因为组建一个高质量的团队是十分重要的。当面临涉及区域层面的、幅

度较大的变革时，项目团队中很快就会出现六个或更多的成员。

长达几十年的团队研究表明，一旦每个团队成员的优势不同，并能够彼此互补，那么团队的业务能力将会非常强大。而一旦几名团队成员的优点相似，那他们便无法让自己的优势进一步增强，而是会进入彼此竞争的状态，这可能会导致诸多毫无成果的、针对细节的争论。相反，如果每个人都能将他人不具备的独特优势带入团队，那么团队成员将会彼此信任，合作也将形成。

请注意，你不能根据自己的好恶来组建团队。然而事实上，很多领导和项目主管在组建团队时，都倾向于选择与他们本人的性格和能力都相似的人，因为这样的人，他们更容易理解，并且他们的行为和思考方式也与这些人相似。然而正是这一点，令团队协作的成效大幅度降低。如果太多的人都有同样的构想，那他们的构想便不足以映射出当今变革的复杂性。为了让团队合作卓有成效，我们需要不同的视角和建议。

你需要提前考虑一下，在自己的变革项目团队中哪些技能是必需的。当然，其中一名成员也可能汇集多项技能于一身。

团队中不应缺少的七个特征：

权利	并非所有团队成员都必须处在同一个层级上，但至少得有一个人能够将自己的职权带入团队中，以便让团队在需要资源或政策方面的协助时，能做到自给自足。如果你是区域负责人，那么你的团队成员中至少要包含一名部门负责人，但他未必是队长。
联络	这里的“联络”指的是在企业内外拥有的良好关系及人脉。特别是当变革横跨几个领域，必须以各个大区及部门间的合作为前提时，人际关系就变得重要起来了。同样，如果自发的变革项目必须通过企业公会的批准，那么与工会的良好关系便会很有帮助。

项目管理	至少要有一名小组成员具备专业的项目管理技能。他将负责制订清晰的项目目标、阶段任务、结构框架及行动计划，构建分工明确的工作模块，以及安排责任人各就各位。这位成员必须确保整个项目具备清晰的结构。
主持	如果有一位小组成员接受过专业的主持培训，并具备与之相应的、尊重他人价值的行为方式，那么小组工作的效率将会大幅度提升。最理想的情况是，小组组长就具备协助规划会议及研讨活动并提升活动效果的能力。
情商	至少要有一名小组成员具备实打实的高情商。与其他团队成员相比，他能更及时地感知到股东或相关人员的看法以及可能出现的反应，并向团队传递这些信息。需要注意的是，他的贡献必须得到重视。在一些所谓的“掌权者”和“专家”看来，将感情植入作为话题是可笑的，然而情感的引入很可能会降低变革所面临的阻力，并决定一个项目的成败。
通信	当然，每个团队成员都属于该项目的对外代表。然而，团队中需要有一名成员能够像新闻发言人一样，对企业中存在的通信渠道有所了解，并懂得如何利用它们。笔头方面也是一样，并非每个人都擅长撰写（成果）汇报。应当在何时以何种方式宣传哪些内容，团队中的通信专家对此会有敏锐的嗅觉。
专业知识	每一项变革都会在内容方面有所侧重，所以团队中至少要有一名成员在变革涉及的领域具备专家水准。依靠自身经验，他很清楚哪些细节在变革中是较难处理的，并让小组从自己的专业知识中获益。

受到变革波及的员工中并不一定要有人参与项目团队。我们应当通过某种方式，将变革对象与项目团队的工作不间断地对接起来，以便能够得知并重视变革对象的观点和需求。

如果你无法将上述所有特质都融合到团队之中（比如当团队只有三名成员时），那你就应当专注于那些对本次变革最为重要的特质。在涉及其他领域时，你可以将能够弥补团队缺陷的员工随时请来做顾问。

作为领导者，你应当同每位团队成员面对面单独交谈，告诉他们为什么他们是这项工作的不二人选，并提出他们每个人能够带进团队的强项。你要说明这个变革项目对你而言有多么重要，并让他们感觉到自己是因为具备特别的才能而被选中的。

如果员工借助清晰的理由，表明了自己手头已经有很多工作要做，故无法再承担项目团队的任务，那你们可以一起想一想，你在哪些方面可以给他减压，以便让他加入团队。优秀的员工常常面临过多的任务和项目。如果他们对涉及的内容感兴趣，那他们往往会接手超负荷的工作。作为领导者，这在短期内对你仿佛是件好事，然而长期来看，你的得力干将则会体力透支。所以，请理性地看待骨干的工作量，并定期为他们减压，而不是不断给他们施加新的任务。你可以问问他们，哪些任务是他们最不看重的，这些任务也许可以委派给其他人做。如果某位员工真的无法成为团队的一员，那你至少应当让他承担团队顾问的职责。

除了每个成员带进变革团队的特质之外，能量对于团队而言同样很重要。你应当优先考虑那些已经多次表达参与意愿的员工，因为这意味着，他们将会为变革团队注入强大的能量。

此外，你任命的团队成员必须要支持变革，或者至少处于中立状态。如果“中立派”宣称他们已经为完成一项任务做好了准备，那他们同样应当获得“项目推进者”的名号。有些领导者会将积极的反对者也拉进团队中来，因为他们相信，团队和成员间的合作会改变这些人，或者至少弱化他们的反对力量。他们认为这是控制反对者的最好方式，然而这种做法几乎永远都是错的！团队需要很多能量来应对变革项目带来的困难和阻力。如果这时团队中还有一直都在反对变革计划的人，那团队气氛会被彻底颠覆。请永远不要低估一颗“烂苹果”把其他“好苹果”弄烂的速度。

让积极的支持者加入团队，永远不要招入积极的反对者。

然而这并不意味着团队成员不能具备批判精神。批判性思维展现了一个人的智慧和动力，所以对每一个处于复杂环境中的艰难进程而言，批判精神都是不可或缺的。团队成员一定要具备批判性思维，但绝不能属于那些已经表明态度的变革反对者。

尊重过去的元素，但要明确表明它们已经只属于过去。

曾经有位经理跟我讲过下面这件事：在一次引进“六西格玛”精益管理的活动中，一位有声望的老员工突然愤怒地跳了起来，他的脸涨得通红，直瞪着那位远道而来的、刚刚将新方法傲慢地称赞为“新时代开端”的专家，并咆哮道：“你是想说我们目前为止一直都在做蠢事吗？”报告专家开始试图抚慰这名员工，他很可能在这时明白了重要的一点：自己错就错在没有尊重听众们之前取得的业绩。

社会中的绝大多数人都认为自己是工作中的强者。我们的自我形象是与我们的职业以及在企业中的地位紧密相关的。所以，没有人想接受下面这个信号，即自己实际上并非业绩的创造者，而是企业中的问题人员，却还对此毫无察觉。

作为领导者，你一定要在变革中明确告诉员工们必须积极地适应新事物，而其中一项工作便是向他们表明，目前的工作行为、步骤及方法已经不再合理，这些必须要得到改变。这时的技巧在于，如何带领人们放下过去的东西，但同时又不去贬低过去取得的成绩，而是珍视它的价值，即依照下面这条原则：我们到目前为止完成的工作都很好，但未来我们还可以把事情做得更好。

如果人们在情绪方面紧紧抓住自己熟悉的、喜爱的东西，那么一些仪式和标志性的动作可以帮助他们同旧元素道别。下面这个例子便不同寻常：

一家传统的老企业要被一家跨国企业收购了。同过去的企业名称道别，接纳新的企业，对老企业的员工来说很难。幸运的是，在这家跨国企业中有一位经验丰富的顾问，他懂得该如何以标志性的方式来明确这种过渡。在正式改组的前一天，他组织了一次告别会。在会上，所有老企业的员工都穿上了深色的衣服，并以充满敬意的方式同老企业名称以及其他老企业遗留的元素道了别。

只要愿意，所有人都可以在会上发言。很多员工都表达了自己对老企业的谢意，有些人流下了泪水。

而第二天，为了在告别会后对自己从今日起所属的新企业表示欢迎，这些新员工相聚在了一个大厅中。简短的开场致辞后，大厅的门突然开了，原属于跨国企业的老员工带着热烈的情绪冲进了大厅，他们每个人手中都捧着一棵向日葵，以及一位新员工的相片。在找到了自己要找的新员工之后，他们用手中的鲜花以及满脸的笑容对新员工的到来表示了欢迎。紧随其后的是一场气氛热烈的交流。两组员工共同度过了整整一天。

从这时起，这些将向日葵递给了新同事的老员工，在企业的各个方面都将成为这位新同事的搭档。新员工只要遇到问题，都可以找自己认识的那位老员工帮忙。

组织这个教科书般的仪式当然非常费力，而且它只在特定条件下适合于单个领导者及其团队。但这个例子给你展示了如何让仪式发挥出效果。你可以想出一种适合于自身情况的仪式，让大家向过去的工作表达敬意，并与之道别。关于此类仪式，你可以在下次开会时向下属领导以及员工征集建议，并让他们共同参与决定。

拒绝模糊：定义出清晰的目标和里程碑

这条提示乍一看可能显得有些空泛。然而在实践中，我一次次地被表达模糊的变革计划所震惊。如果前进的方向不甚清晰，那同事们便很难共同前行。遗憾的是，如果上级对变革计划的描述就很模糊，那么中层领导者便不容易确定目标任务。如果你遇到的正是这种情况，那你最好再次询问上级。但是清晰的答案很多时候都是不存在的，绝大多数情况下，询问都会以误解告终。

企业高管层告知领导们，企业期待他们在未来具备更多的商业性思维，市场要求他们做到这一点。然而“商业性思维”并没有获得严格的定义，领导者们对此的理解都不一样，所以他们的执行方式也有很大的不同。例如，一位主管将所有专职人员的决策额度从 1000 欧元增加到 1500 欧元。在他看来，自己通过这种方式促进了自身的“商业性思维”，然而事实却并非如此。他对自己的行为没有做出任何改变，而是依旧按照习惯的方式行事。另一位领导者把“商业性思维”理解为做出更勇敢的决策。他认为，“勇敢的决策”应当拥有获得高利润的潜力，同时也具备蒙受高损失的风险。最终他做出的决策造成了一大笔损失。其他管理人员根本没有做出反应，而是静观其变。高管层百思不得其解：难道领导者们真的没有能力进行“商业性思考”吗？

毫无疑问，准确地解释“商业性思维”的定义是很有必要的。当“商业性思维”得到准确的描述之后，人们所面对的下一个问题就是如何判定这种思维，甚至对此进行量化衡量。这个例子只是变革实践中出现的诸多描述不具体的目标之一。如果高层下达的目标没有遵循 SMART 原则，即 spezifisch（特定）、messbar（可测量）、anspruchsvoll（高要求）、realistisch（立足现实）、timelimit（规定期限），那你就想出一个对自己部门有意义的目标吧。接下来，请向高管层征求反馈，以便知道自己的目标是否符合他们的预期。如果此时还是没有得到明确的答案，那你就干脆先等一等吧！执行一个不清晰的变革计划，浪费精力却没有收获的风险实在是太大了，所以，在你觉得变革有意义的时候再开始执行它吧。

与其关注问题，不如关注解决方案

有一种叫“谁来负责”的游戏十分流行，在领导层中也同样大受欢迎。一旦小推车陷入泥沼之中，人们很愿意针对谁要负最大的责任，以及本应如何避免这种情况展开激烈的讨论。极少有人会站出来承担失败的责任，绝大多数情况下，大家会将责任像皮球一样踢来踢去，然而这么做会消耗大量的精力。

在竞争对手的车子早就把我们甩下的时候，员工们仍然站在越陷越深的小推车上互相抱怨。作为领导者，你可以制止这一切。你要清楚地表明：“讨论责任的归属无法带领我们前进。我希望你把所有的精力集中在解决方案上。我不在乎奶牛是如何站在冰上的，但有一点必须清楚，如果奶牛掉下去了，我们还会面临新的困难。所以我们现在要来谈谈如何让奶牛走下冰面！”如果你的员工慢慢了解到你没有跟着玩“谁来负责”的游戏，那他们也不会在指责他人方面浪费很多精力，而是会更快地开始研究解决方案。他们可能会变得更勇敢，因为他们知道自己的失败不会立即受到惩罚。当然，这并不意味着你会把严重的错误都压下来不再追究，如果错误明显是由某一个人的重大疏忽造成的，那你当然有必要找他谈话了。

通过展示出自己对承担责任的无畏，你也可以缓解员工间互相指责的情况。如果在一件事情上失败了，那你应当向员工公开承认这一点，并承担相应的责任。无论是面对上级还是面对外界，无论错误来自个别员工还是整个团队，你都应当这么做。有一些领导者喜欢把失败的责任推给员工，这必然会导致员工为了不犯错误，主动选择躲避风险，而不是利用机会。

只要有可能，随时邀请员工参与变革决策

在变革过程中，变革措施可以分为两种类型。第一类措施无论是你还是你的员工都无权调整，大家必须完全按照规定的方式来执行，而针对另一类措施则没有出台特别的规定，你可以调整这类措施的执行方式，让它们适合于你工作的领域或部门。

在邀请员工参与变革决策时，以下两种错误是可能会出现的。第一种是许诺他们能参与绝大部分的决策，然而事实是许多问题早已经被彻底敲定，人们无法再做调整，而是只能按照规范严格执行。这个结果员工们早晚会知道，他们会为此感到沮丧。第二种错误则是走另一种极端：某些领导者由于时间紧迫，或者他们认为自己能力最强，所以在面对绝大部分变革内容时，他们都会独自做出决定。员工们只能算是高端杂工，其自我感觉亦是如此。以上两种情况都应该避免。

你要同员工讲清楚，哪些方面可以被影响，哪些方面不能。

你要想到一点：如果员工们觉得自己能发挥一定的影响力，

那么他们走出“情绪过山车”的速度就会明显加快。因此，请在变革的方式方法上留给员工最大限度的发挥空间，因为这会提升他们的工作投入度。通过在某些环节享有参与决策的权利，员工会更容易让自己接受变革中痛苦的部分。出于实际考虑，你不可能一直都让整个团队参与决策，有时候你只能允许一部分个人或小团队自发地做出决策。

通过让员工参与决定，你将提升项目的接受度，并减轻自己的负担。

开展研讨会可能会成为让员工参与决策的第一步，你可以在本书的附录中找到研讨会的具体步骤。我建议你务必要利用这个机会。通过与你的下属领导开展研讨会，你将能够：

- 提升工作的客观性；
- 提升员工的积极性；
- 获得明确的目标；
- 让团队做好执行的准备；
- 提升合作质量。

确保拥有短期可见的成果

如果成果没有出现，那么变革团队和员工的初始能量会日益减少。众所周知，成果是最强的动力。所以，重要的是你和你的变革团队要有意识地规划成果。成果必须要在可预计的时间内出现，并且让员工能够感受到。如果大家看不到成果，那么批评者的声音会变得越来越响亮，支持者则会变得更加沉默，而大部分员工则会在执行过程中，在精神层面上同变革渐行渐远。除此之外，项目的前期成果还证明了你的方案正在运转，以及目前的变革是有意义的。

大规模的变革项目需要投入大量的时间和精力，然而成果出现的速度则会很缓慢，并且会伴随很长一段滞后期，此外，成果无法被所有的变革参与者以同样的方式感受到。例如，有些事情虽然会被领导者认定为成果（例如筹划指导委员会认可的里程碑事件），但绝大多数员工对此并不知情。所以你务必要思考一下，员工会从自己的角度将哪些东西认定为成果。尤其是那些身体上可以感知的内容，例如新制订的目录、大客户签署的第一份订单，或新装潢的办公室，对每个人而言都会是看得见、摸得着的成果。所以你最好在第一次研讨会上就和下属领导一起思考一下，有哪些初期成果是你可以计划、实现并且让员工知道的。

你要有意识地规划初期成果。

经验丰富的变革领导者很注重规划可被察觉的初期成果。例如，那些将会被员工看作成果的变革部分就值得花更大的力气来推动，以便让成果更快地出现在这些部分中。为此，你必须在短期内为这些部分投入更多的资源。所以你不能平均分配资源，而是要在能带来初期成果的领域投入更多的时间和资金，而在变革涉及的其他领域，你可以把发展的速度控制得低一些，或者稍微放一放再说。要想获得能够用来谈论的成果，试点项目也是个好办法。如果一项变革在某个部门执行得很成功，甚至已经完成，那这同样会激励其他的部门。

使用帕累托法则中的不平衡性原理

作为领导者，你面临的挑战首先是要对变革所需的全部措施有一个总体的印象。这听起来简单，然而在实战中，领导者几乎总会在组织变革的细节问题中迷失。统揽全局是你最重要的任务，因为一旦你在处理各项日常任务时走进了丛林，面前的一棵棵大树便会让你看不到森林的全貌。你应当随时为自己安排不受干扰的时间，以便能在脑海中拥有一个全局画面，让自己清楚应当优先完成哪些事情，以及要让哪些员工参与到哪些措施之中。

在确定优先级顺序时，你能从帕累托法则的不平衡性原理中得到启发，作为领导者，帕累托法则的意义应当融入你的血液中。意大利人维尔弗雷多・帕累托（1848–1923）制订了以他名字命名的原理，依照该原理，20％的资金投入可以产生 80％的收入，20％的时间可以解决 80％的问题。这对你来说意味着：在变革进程中，你要找出那些只需要较少的投入就能发挥出强大效果的措施。

许多领导者在日常生活和变革项目中都过分关注功效，他们努力让自己尽可能更快地完成尽可能多的事情。然而对于领导者而言，功效（以正确的方式做事）并没有效率（做正确的事）重要。换句话说，重要的是你要看到事情的全貌，始终保持统揽全局的视野，并做出正确的决定，而不是快速处理细节性的工作。

作为领导者，你几乎没有不受外界支配、追逐个人目标的时间。你每周只有为数不多的几个小时不会被他人直接占据，所以在这段时间中，你不应当再去处理那些别人也可以处理的行政类工作。相反，你应当专注于那些具有杠杆效应的重要任务。请让自己休息一下，站到高处，以俯瞰的视角望一望变革进程的全局。许多领导者忙着抓鸡，反而忽视了篱笆上的漏洞。为了避免这种情况，在执行那些由自己发起的变革时，请经常静下心来思考以下几个问题：

- 我们是否实现了目标？
- 哪些事情进展顺利，哪些事情本可以更顺利？
- 我的同事正处于“情绪过山车”的哪个阶段？
- 下一个真正重要的步骤是什么？
- 我们还应该让谁参与其中，或者为谁提供信息？

你要定期询问自己：哪些任务会发挥出最大的杠杆效应，并且应当在此时由我亲自来抓？

你应当怎么做，才能让自己在安静的环境中反思一下个人工作，并获得俯瞰的视角呢？我推荐你每周都将其中一个工作日提前两个小时，并利用开始时的这段不受打扰的时间来思考。早晨六点半到八点半的时候不会有人打电话来，这个时间你不会有会议，也不会有人站在你的门前。在晨间反思的时候你千万不要犯一个错误，那就是把电脑打开，并开始阅读邮件，因为这会让你重新被一天的问题所包围。你应当安静地坐下来喝一杯咖啡，这时你便为自己营造了一个能够真正高效思考的环境。

即便是“夜猫子”类型的人，我也推荐他们在晨间做反思，因为绝大多数人在晚上已经无法获得鸟瞰的视角了，造成这一切的原因是压在你身上的“猴子”，原因是这样的：在日间会有很多人来到你的办公室，或者给你打电话。这些人的肩上都趴着一只象征着任务和困难的“蜘蛛猴”。一旦他们离开了你的办公室，这只“猴子”经常就会跑到你的身上。一天结束后，你身上可能会挂着 30 到 40 只“猴子”，你背着这份沉重的负担，摇摇晃晃地穿过了办公楼。正是这份重量让你在晚上无法向上飘浮，获得鸟瞰视角。日间的问题占据了你的思维，让你无法再静下心来进行反思，因为反思需要内心和外界的安静。所以你时常要在清晨就坐到办公桌前，如果散步对你有帮助的话，你也可以在这时出去走走，并开始思考。这种反思在开始的时候可能会让你觉得有些难，但经过一些练习之后，它会变得越来越容易。你会突然发现问题的关键在哪里，并不会再在一些无关紧要的事情上浪费精力。

总的来看，你手头一直都会有太多紧急的工作要处理，而面临的风险则是忽略掉那些真正重要的工作。因此，你要在日间反复询问自己：哪些事情虽然紧急，但我还是可以放一放？

为了能将急迫的任务和重要的任务区分开，你需要问自己：

一旦我没有完成这项任务，会发生什么事？其实很多时候，即便你没有立即完成一件紧急的任务，甚至完全没有理会它，那也不会出现什么真正严重的后果。然而，如果你在变革中失去了总体印象，而是像抓鸡的人一样乱跑，那么长久来看，这一定会带来严重的后果。先不说你会威胁到变革的成果，如果你被外界因素束缚了手脚，行事慌张，那你便会失去员工的尊重和信任，也会堵塞自己的晋升之路，因为在大家的眼中，你在处理工作和追求效率方面明显已经到达了自身的极限。你陪伴家人的时间也会变得越来越少，因为你的工作，尤其是紧急的工作，你是永远都不可能彻底处理完的。请运用帕累托法则中的不平衡性原理想一想，能带来长期效果的那 20% 的措施究竟是哪些，你要想办法让自己和员工都长期坚持贯彻这些措施。

你要借助以上探讨的这些问题，让自己的决策过程在下属领导眼中变得透明、容易理解。如果下属领导看到你如此成功地运用了帕累托法则，那他们也同样会更多地去运用这条法则。上级的领导风格会对下级产生长久的影响。

在混乱中推动新的行为方式

在混乱中，许多事情的处理方式都与平时不一样。有时候变革会导致工作量的大幅度提升，然而由于重组或裁员，这些工作必须要由更少的员工来完成。一如既往的繁重工作，以及不断反复的优化进程，已经将你的员工推向了效率的极限。而现在还要再执行变革措施，这又会带来额外的工作和问题。同时，由于变革措施改变并扰乱了现有的流程，所以日常工作会变得更加复杂。以前的行动方式不再有效，新的行动方式在起始阶段的效果往往也很有限。如果你的员工在这样的压力下要完成同以前一样的工作，那他们的一天需要有 36 小时。

因此你要提倡新的解决方案。你应当允许自己的员工尝试新的行动方式。如果他们要完成明显增加的工作量，那么新的方法和创造性的解决方案是必需的。员工是“精力优化者”，他们会去寻找各种可能的手段来简化局面和工作。对于借助优化工作流程来节省时间，他们本身就有兴趣。请你不要只是默许他们尝试新的行动方式，而是要积极地敦促他们这么做。然而尝试新的解决方案会导致更多错误，领导者则需要区别对待这些错误[①]。

如果你想作为正面典型走在前面带路，那你可以思考一下自己能在哪些事情上有意识地改变行动方式，并同员工交流自己的心得。例如，有些标准化会议虽然有存在的道理，但在变革压力巨大的时候占据了过量的时间，这样的会议你就可以取消。你也可以放弃详细的会议记录，将其压缩成简洁的待办事项清单。请允许管理层将向你提交的例行报告篇幅缩减至原来的四分之一，或者干脆取消此类报告。如果变革仅涉及你的分区，而不是整个企业，那你可以将所有能委派出去的工作都委派给其他的分区或部门。能简化的东西就尽可能地简化，在规划你的工作时，请始终使用帕累托法则中的不平衡性原理！

---

① 针对如何在变革中处理员工错误的话题，你可以在 www.leadershipjournal.de 的《领导技能》专栏中找到一篇相关文章。

为了能简化工作，除了附录中推荐的研讨会以外，你还可以与自己的管理层开展另一个研讨会，在会中你要同参与者共同思考，哪些事情在今后可以用另一种方式来做，哪些事情可以简化，甚至完全取消。大规模的变革由于会带来巨大的工作压力，所以恰恰会释放出意想不到的创造力，此外，这类变革还降低了做出极端改变以及完全取消传统官僚形式的门槛。

在实践中我经常听到，有些经理的确借助大幅度的简化，亲自示范了处理旧工作的新方法，然而尽管他们提出了要求，但是员工并没有效仿。原因在哪里呢？

一个可以肯定的原因是：员工缺乏思考如何优化现有工作的时间。大多数人在变革过程中都是只见树木不见森林，因为他们已经被日常工作的混乱所淹没。如果你现在要求他们考虑全局并提出个人建议的优化方案，那你显然对他们要求过高了。出于这个原因，在涉及裁员的过程中，通常要在公司之外聘请精通该程序的顾问。因为他们可以通过中立的视角分析变革过程，并针对裁员提出合适的优化建议。这一切员工是做不到的，因为他们绝大多数时候都缺乏必要的知识、经验、中立的视角以及该项工作需要投入的时间。

变革进程缺乏优化方案的另一个原因是员工由于长期在本单位工作，而对企业缺点茫然无知。几乎没有人会用创新的方法去做一份他认为毫无意义的工作，或者一项用老办法只花一半力气就能完成的工作。习惯的力量会驱使我们去做我们一直以来都做的事情，而且因为一直都这样做，所以我们认为自己的做法一定是好的。部分员工已经完全失去了重新考虑某件事情的能力。一位精益管理方面的专家兼外部顾问曾经对我说过：

“在参观一家公司的生产时，我能立即发现至少十点能让生产速度更快、成本更低的改进措施。那是因为我已经优化了超过 50 条生产线，因此获得了涉及许多重要的细节的俯瞰视角。然而有时候，将这些改进措施教给生产人员是非常困难的。他们常常完全无法设想或不愿意思考这些改进措施，因为之前的工作流程带来的习惯太强了。如果可能的话，我会把一部分员工带到另一家生产力出色的企业。通过亲眼观察，他们会突然明白我的意思。但只要他们没有看到这些，他们就无法想象情况是可以有所不同的。”

不要幻想着一切都会奏效

在变革的混乱中，员工往往会被大量的工作压垮，并开始犯错误，问题是你作为领导者对此常常完全不知情。在员工看来，直接为老板做的任务，在所有日常工作任务中的优先级是最高的，毕竟老板可以决定晋升和薪水。因此，这类任务总会被他们快速并细致地完成，无论其真正的意义有多大，也无论还有哪些其他任务亟待处理。如果在这之后，工作时间不足以完成其他的工作，那么其中的一些便会被搁置起来。作为领导，你绝对不能认为被搁置的任务重要性更低一些。恰恰相反：有时一些对公司生死攸关的工作，在实践中并没有得到执行。

例如，重要客户的复杂询价往往没有处理，针对新客户的报价没有发送，或发送得很迟。然而你作为领导者起初并不知情，因为所有上交到你办公桌上的材料都是准时的、高质量的。这很快会造成幻觉，让你觉得员工奇迹般地以某种方式同时完成了多项任务。所有未完成任务的影响在一段时间之后才会显现出来，然而其后果是毁灭性的。因此你要让自己获得更多的反馈，并针对在你看来最重要的问题展开沟通。

执行那些你平时无法执行的计划

在思考帕累托法则的同时，你还要想一想，自己的区域或部门中有哪些你早就想要改变，但从未改变的元素。在一个企业，以及企业的各个部门中都有一些东西仿佛具备了自然免疫系统。人体的免疫系统会帮助我们抵御不健康的外部因素，维持目前的状态。而企业的免疫系统也具备同样的作用。它会抵御来自外部的不良计策，巩固住被认为是健康的状态，并会帮助企业在成果产出方面拥有一定的持续性。然而，企业的这种免疫系统有时候也会“把好事做过了头”。

我们还是拿人体的免疫系统来打个比方。想象一下，有个病人在器官衰竭之后接受了器官捐赠，新的器官会让其机体重新运转。尽管这关乎病人的生死，但免疫系统却判定该器官不属于这个身体，并开始攻击它，所以病人只能在器官移植之后吃上一辈子的药，以便抑制身体的排异反应。免疫系统并不总能识别哪些来自外部的物质对身体有好处，哪些没有。

企业自身的免疫系统也会以类似的方式运转。它会在有危害的变化出现时保护企业，然而问题是它也会排斥那些对企业而言生死攸关的变革。

在经历一次大规模的变革时，自己部门中失效的免疫系统是你可以利用的优势。因为外来的攻击太多，所以免疫系统已经不堪重负。对你来说，这意味着你可以在这段时间执行那些早就计划好的，但因为可以预料到的抵抗而一直没有执行的措施。如果你这段时间一直想引入一种新的资源分配模式，那你现在就可以将它引入；如果你认为按照新的条件重新为客户分类是有意义的，那现在就开始动手吧；如果你想为个别员工分配新的任务，那就抓住现在的机会。你现在面临的抵抗，将会比在“平稳时期”中面临的抵抗要小。如果你在变革过程中也同时实现了这些改变，那你在变革结束后会为变革感到高兴。

当然，你要提前了解到，额外的变革项目对于员工而言意味着多大的工作量。如果目前的工作有三个板块，那么再开设一个比前三个加在一起都要庞大的第四板块，绝对是不合适的。只有当你提前制订好了能够被立即执行的变革计划时，安排这项额外的变革才有意义。如果你在将变革安排下去之后才开始制订工作内容，那么这项变革给你带来的额外损耗将会令你难以承受。

保护员工免于经历过多的变革

这条建议看上去和上一段中的建议是矛盾的，然而在这两点之间找到平衡才是真正的关键。在一次大规模的变革中，区域或部门的“免疫系统”会失灵，你可以改变一些你早就想着手改变的事情。这里的建议是：你可以把机会用在那些规模不是很大的，而且已经加工得相对成熟的变革项目中。这些项目你可以随着大规模变革的进程顺便推动，而不会遇到太强的阻力，这会给你的区域或部门带来好处。

然而在一项变革进行的过程中，如果你让自己和员工不得不再承担另一项痛苦的变革，这则会带来反效果。如果你的员工已经在“情绪过山车”（见第二章）中经历了恐惧、愤怒和悲伤阶段，并来到了“接受”阶段，那他们此时已经拥有了镇定的情绪。镇定是一种平和的、冷静的精神状态。这听起来并非动力十足，然而这意味着员工此时已经（几乎）不会再展现出抵抗。有些人在这个阶段甚至会展示出对新事物的好奇心和兴趣。你的员工会重新变得积极起来，并将克服变革中即将出现的混乱阶段。如果这时让他们再次陷入另外一个令人难受的变革之中，那么带有恐惧、愤怒和悲伤等情绪的下行螺旋便会从头启动（见 34 页的图表）。

将这些消极的情绪再经历一遍，这会令员工的行动能力再次受到限制，并会造成新的抵制。所以你要试着将那些不受员工欢迎的新变革计划尽可能地推迟，直到员工至少进入了“接受”阶段，最好已经进入了“融入”阶段之后。

如果上述的一切都不可能办到，那你应当通过交流，让员工觉得新变革是当前变革的一部分。请为新开始的变革起一个标题，从而展示出它与当前变革的从属关系。这听起来好像是文字美化，然而一旦得到了员工的接受，那你的分类方式就能让员工少受一次惊吓，从而避免新一轮的“情绪过山车”，这种归类至少能降低员工情绪上下摆动的幅度。一个幅度比想象中更大的变革，带来的消极情绪绝对少于一个附加的新变革。当然，你能否在员工面前将新变革解释成当前变革的一部分，这也要视情况而定，虽然不会每次都成功，但如果领导者能够机智地论述，那这种归类在很多情况下都是可以实现的。你要将这种解释看作为员工提供的一项服务，同时也要清晰地分辨什么是对实情的灵活解释，什么是谎言，即那些你已经知道不可能为真的信息。虚假的信息是你绝对不能提供的。只要仔细思考，很多事情其实都存在解释的空间。如果你自己能够信服自己的论证，那你便可以让它散发光芒。

本章总结：

1. 明确展现出该项目对你的重要性。
2. 组建强有力的项目团队。
3. 尊重过去的元素，但要明确表明它们已经只属于过去。

4. 制订清晰的目标和里程碑。

5. 专注于解决方案。

6. 只要条件允许，让员工参与进来。

7. 让短期可见的成果出现。

8. 利用帕累托法则的不平衡性原理。

9. 推进新的行为方式。

10. 执行那些平日里无法执行的计划。

11. 保护员工免于经历过多的变革。

第七章　问题 4：当变革开了倒车

如何才能让变革在员工心中扎根

习惯就是习惯，任何人都不能把它扔出窗外，但可以一次一个台阶地将它哄下楼梯。

—— 马克・吐温（Mark Twain，美国作家）

如果你为人父母，那你应当熟悉下面的场景：孩子在玩耍的时候会做些让你不喜欢的事。比如当有别的孩子来串门的时候，他们也许会太吵闹。你要求他们安静一点。只要你还在他们附近，那你的话就会特别管用，但你只要一离开，噪音音量很快就会恢复到之前的级别。这种行为的改变并不会持久，而是只会在你这位“掌握惩罚权的监管者”施加压力时才能发生。

在企业中你也能观察到同样的现象。一次变革结束后没多久，中高层领导们才刚刚开始致力于研究新课题，员工们便恢复了之前的做派。

本章我们将要讨论的主题是：你怎样才能让他人保持住某种行为方式？美国作家阿兰・道伊奇曼（Alan Deutschman）曾将两个令人印象深刻的案例引入了企业可持续发展领域，这两个案例证明了上述目标是完全可能实现的。他对迪安・欧尼斯博士（Dr. Dean Ornish）和麦麦・希尔伯特博士 (Dr. Mimi Silbert)

在健康领域和刑罚领域中的杰出工作进行了对比。他们两位都曾成功地让他人的行为发生了令人难以置信的持久转变。阿兰·道伊奇曼探寻了二者共同的模式，由于发生在经济领域中的转变也同样遵循该模式，所以他将研究成果转移到了经济领域。道伊奇曼的成功公式是：关联（relate）、重复（repeat）、重塑（reframe），即首先同他人建立良好的关系，表明自己相信他们能够有所改变（关联）；之后，新做法要被不断重复，以便新习惯能够扎根（重复）；而最终则需要借助新做法以及由此产生的成就感来建立新的行为模式（重塑）。尽管我能够理解道伊奇曼的论证，而且“心脏病”和“罪犯”这两个案例也的确符合他的观点，但我依旧认为，如果员工在企业中所面对的情况并非如此严峻，那么问题的重点则会有所不同。所以我将他的公式改写成了：研究（research）、重复（repeat）、快乐（rejoice）。

人们只有在特定的情况下才会改变自己的习惯

案例：心脏病人

想象一下，假如你是一位生活在压力之中的经理，在一次心脏骤停或昏厥后幸存了下来。你很走运，这次意外没给你带来什么持久性的损伤，然而医生让你从现在开始立即改变自己的习惯，包括改善饮食，多做运动，减轻压力，以及坚持每天服用某种药物。如果你忽视医生的建议，那么你将很可能再次经历心脏骤停或昏厥。一旦如此，你将生活无法自理，甚至会丧命。那么你估计自己永久性改变生活习惯的概率有多大呢（范围从 1% 到 100%）？

这个问题绝非仅仅在理论上存在。举例来说，如果人们不改变自己的生活方式，已经做好的心脏支架在短短几年之内就会堵塞。针对做过心脏搭桥或其他心脏手术的病人的多项调查，都反复证明了一个令人几乎难以相信的结果：手术两年后，90% 的病人都没有再坚持改变自己的生活方式，即使他们完全清楚这么做的后果。更严重的是，心脏病人本应在手术后按时服用一种降低胆固醇的药物。在术后两个月时，所有病人都还在服药，但在手术后一年，被调查的 37000 名病人中就只有四分之一还在服药了，其他人则在完全没有医生许可的情况下完全停了药。停药原因之一是拒绝承认疾病：这些药片会每天提醒他们自己生着病，而在一段时间之后，病人们就开始试着排斥这种感觉。他们没有做到改变自己的生活，而是在有意地向灾难靠近。

每个医生都清楚这些行为方式和数据。如果人们在需要确保生存的时候都不能改变自己的习惯，那我们怎么能期待员工在组织变革方面、在后果没那么严重的情况下能做到这点呢？

有一位美国医生曾在 20 世纪 80 年代证明，人们只要得到正确的帮助，就可以改变自己的行为。迪安·欧尼斯博士完成了一项医学研究，其结果震惊了世界。欧尼斯挑选了 333 位即将进行心脏搭桥手术的病人组成实验小组，并提前征得了其保险公司的同意。其中 139 位病人接受了手术，他们成了另外 194 人的对照组。剩下的这 194 人放弃了手术，并按照欧尼斯的方法调整了自己的习惯。该项研究持续一年，一年后，病人便需要自己照顾自己了。在研究启动后三年，人们检验了这 194 人的生活方式，结果令医务人员难以置信：他们中的 77% 坚持着改变自己的生活，最终他们的各项指标都大有好转，已经好到不再需要手术了。一位普通医生的病人中只有 10% 能做到坚持改变自己，欧尼斯是如何让这个数字变成了 77% 呢？除此之外，依照欧尼斯的方案，每位病人只需要花费保险公司 7000 美元，而心脏搭桥手术的平均费用却是 46000 美元。如果考虑到该手术在绝大多数情况下还需要重复，那么费用的差距则会更大。欧尼斯教授是如何完成这个“奇迹”的呢？

案例：服刑者

你相信因犯罪而受到审判，并在监狱服过刑的犯人能够改正自己的行为吗？你认为在美国，服刑多年的犯人出狱后不再犯罪的比例能有多高？

一项针对 272111 名美国囚犯的调查显示，他们中的 30% 会在六个月之内、67.5% 会在三年之内再次因为犯罪而锒铛入狱。而在其余 32.5% 的人中我们还可以再排除掉一些，因为不是每个刑满释放的人在重复犯罪时都会被抓住，所以真实的比例可能会在 30% 以下。

位于旧金山的德兰西街基金会（Delancey Street Foundation）证明了这种情况是可以被改变的，只要条件合适，人们便会永久改变自己的行为。该基金会接手了来自监狱的瘾君子和重刑犯，他们有些人已经在那里度过了几十年时光。这些犯人可以选择加入该基金会的项目，或者回去继续坐牢。下面是参与者的数据：60% 的犯人在选择参与基金会创始人麦麦 · 希尔伯特博士主办的项目后，都成功地完成了该项目，在此后的时光中不仅没有再犯罪，而且还成了受人尊重的社会成员。美国的纳税人平均每年要为每名囚犯贡献出 30000 美元的税款，然而德兰西街基金会却完全不需要国家财政拨款，它的学员会在搬家公司、饭店、书店中，或在销售圣诞树的过程中获得收入，累计毕业学员已达 18000 人。将重刑犯转变成在美国社会中受人尊重的社会成员，麦麦 · 希尔伯特是如何完成这个“奇迹”的呢？

这两个案例以及其他的案例都可以证明，人们不仅能够改变自己的行为，还会在条件有利的情况下让新养成的习惯保留下来。

找出必须要改变的关键因素（research）

企业经常会同时在过多的方面开展调整，而最终除了混乱之外不会有什么成果。所以了解哪些因素属于关键因素，在变革进程中往往具有非常重要的意义。针对这些因素的改变将会为整个变革环境带来最大的正面影响。少数几个方面会为结果带来大改变——帕累托法则在这里依然适用。为了找出这些关键因素究竟是什么，我们必须要分析并研究目前的情形（research）。此时除了进行观察和采访交流之外，健全的理智也是必需的。我们可以通过下面两个例子来了解“关键因素”的概念：

案例：心脏病人

哪些至关重要的因素能为心脏病患者带来最大的积极改变呢？总体而言，重要的因素肯定包括健康饮食、定期运动和避免压力，或者至少正确地处理压力。事实上，为了让最终的结果尽可能更理想，欧尼斯教授和他的团队研究了全部三个因素，最终发现其中只有“运动”这一个因素是真正关键的。人类的肌体已经为运动而进化了数万年，如果不活动的话，人体内一定会有越来越多的部件无法运转。“运动”这个因素比其他一切因素都重要。如果你健康饮食，但是不运动，那你生病的概率会接近于“肯定”。然而反过来，即便饮食不健康，如果你每天都运动的话，那你健康的时间将会比上一种情况长很多。运动同样可以明显降低压力，因为应激激素会被肌肉运动化解。如果以上三个因素，你在生活中只能或只想改变一个的话，那你应保证自己每周进行五次至少 30 分钟的运动。散步、骑车之类的简单运动就已经足够了。能坚持这点，你在保持健康方面就已经做到了很多。

案例：服刑者

美国监狱中很多犯人已经是第三代囚犯了，他们的父母或祖父母就曾经犯罪。他们是以犯罪分子或地区帮派成员的身份长大的，在这些帮派中，人们时刻都要预计到自己会被骚扰、殴打，甚至被杀死。对很多人而言，直面这种残忍和持续威胁，麻木自我、不让任何事困扰自己，才是他们唯一的出路。这些人贫穷，而且已经连续几代都生活在社会边缘。由于他们除了贫穷和暴力之外没有别的经历，所以他们不相信自己也可能过上寻常的市民生活。一般情况下，重刑犯都没有学会对他人抱有同情心。要想在贫民区和监狱里生存下来，他们必须要自卫，而冷血正是自卫的一种方式。如果最好的朋友被更强大的帮派用刀子折磨，这时要做的绝不是将自己卷入其中，而是将他的遭遇分享给别人。吸毒也能让他们免于体会到自己内心和周边的痛苦，冷漠和麻木也就成了顺理成章的后果。对于这些人而言，最重要的因素是重建他们的同理心，这会让他们能够重新体会到别人的一些感受，如果没有这种同理心以及由此产生的对他人的尊重，那这些犯人就不可能重新融入社会。

以上两个案例证明，这个“关键因素”几乎总是存在的。如果你改变了这个因素，它便会对既定目标施加很大的影响。有一个企业的老总曾经跟我说过，他想要让自己手下的领导都更具备企业思维，我问他本人是如何理解“企业思维”这个概念的，以及他要借助哪些标准来确定领导们取得的进步。同我预期的一样，他回答不出这些问题。如果我们不知道自己究竟想要做到什么，那我们也几乎不可能寻找到那个能够激发预期行为的“关键因素”。

让一种行为不断重复，直到它成为新的习惯为止（repeat）

我们人类属于“习惯性动物”。习惯性地在会议室、研讨室、食堂和餐厅中寻找同一个座位，这仅仅是一个方面。我们的日常生活正是由一个个习惯堆积而成的，而且我们在思考的时候，每次也都会产生同样的想法。按照亚里士多德的观点，我们的身份和属性都是通过个人习惯体现的。著名的罗马演说家、作家西塞罗（Cicero）也这么认为，他曾说过："习惯能造就第二天性。"如果你希望某件事变成员工的"第二天性"，那你就得想办法让员工养成相应的习惯。习惯是"通过频繁的、不间断的重复自然形成的行为、观念和特质，习惯经常会被机械性地，或下意识地践行"。习惯是在频繁的重复之后被储存在程序性记忆中的行为模式。你必须要让员工的旧行为方式被新的替代，正如中世纪玄学家托马斯·肯皮斯所说的，让"一个习惯征服另一个习惯"。

如果你希望员工掌握一种新的行为方式，那他们几乎总是得先将旧习惯抛弃。所以，为了瓦解旧习惯，在开始阶段的不断重复便显得非常重要。所以，学习完全新鲜的内容是有优势的，因为你不必先抛弃旧东西。比如，一个完全没有打字经验的人如果要学习十指打字，那他一定会比习惯了只用两根手指头、但打字速度也不慢的人学起来更容易。后者必须要先把自己旧的思维和行为模式抛弃，才能把新的学会。绝大多数时候，变革对员工而言意味着必须要放下旧习惯，并与之道别，因为旧习惯要被新的取代。正如英国经济学家约翰·梅纳德·凯恩斯（John Maynard Keynes）[①] 所说的："世界上最难的事情并不是让人们接受新观念，而是让他们忘记旧观念。"

---

① 约翰·梅纳德·凯恩斯（1883—1946），英国经济学家，现代经济学最有影响的经济学家之一。他创立的宏观经济学与弗洛伊德的精神分析法和爱因斯坦的相对论一起并称为二十世纪人类知识界的三大革命。

案例：心脏病人

欧尼斯教授深深地相信人们能够改变自己的习惯。他让病人们不是只被一名医生指导，而是同时接受一位心脏病学医生、一位心理学家、一位主厨、一位专业健身训练师、一位冥想大师和一位护士的帮助。在最初的三个月，病人们每周见面三次，每次四小时，共计 144 小时。在四个小时的见面中，健身训练、互助小组会面、瑜伽及冥想、共同烹饪及享用素食这四项各占一小时。三个月过后，病人们在接下来的九个月中每周只会见面一次，见面时间总计还是 144 小时。之前强大的“初期动力”已经替代了病人们的旧习惯，现在是时候将这种“初期动力”替换成“陪伴动力”了。而在第二年和第三年，病人们则被完全放手了，他们没有再接受任何协助。尽管如此，这些本计划做心脏手术的病人中还是有 77% 的人保持了新养成的习惯。除了新的饮食习惯和运动之外，就连冥想都几乎被所有人坚持了下来。这 288 小时的练习和病人们坚定的信念，足以让他们接受新的习惯。仅仅在第一年针对不到 300 小时的投资，就确保了病人的生存，并让他们重获健康！可惜的是，这个项目在我们的医保系统中依旧难以得到应用，因为同大量用药的治疗相反，保险公司不愿为这种疗法付钱。直到如今，90% 的病人依旧没有改变自己的习惯，因为没人向他们展示具体应该怎么做。

案例：服刑者

德兰西街基金会的创立者麦麦·希尔伯特在心理学和犯罪学领域都获得了博士学位。在建立基金会之前，她曾经作为顾问，为 50 多个警察署工作过。她培训没有经验的新警察如何应对危险的情况。要教授人们在危险情景中的正确行为，最好的办法就是角色扮演游戏。她让危险的场景多次重复，直到这些场景进入新警员的程序性记忆中，令他们能够下意识做出反应为止。

此后，希尔伯特开始考虑：如果平民百姓能够通过不断重复特定的行为，学会像警察一样来思考、感受和行动，那么让罪犯通过不断重复特定的行为，学会像平民百姓一样来思考、感受和行动，也一定是可以做到的。绝大多数犯罪人员的确从来都没有学习过如何“正常”地思考、感受和行动。

除此之外，麦麦·希尔伯特还当过心理医生，在工作过程中，她感受到了帮助别人能给自己带来多大的快乐。所以她提出了“每人帮助一个人”的观念（each one, teach one）。在德兰西街基金会中，这意味着每个人都要为他人承担责任。如果谁目前在德兰西街饭店中只学会了如何摆放餐具，那他就把这件事教给下一个新来的人。学习，并将学到的内容教给别人——这不仅是一种很棒的学习方法，还会创造人和人之间的联系。在德兰西街，每个人都会得到需要承担的任务，这会教给他们如何在行动时感觉自己真的在照顾他人，并对他人付诸了感情。起初的情况绝非如此，很多囚犯来德兰西街的时候是毫无动力的，他们只是觉得在那里日子会比在监狱里好过。然而，通过不断重复那些仿佛是在照顾他人的行为，参与者真的会从某个时间开始感受到自己对他人的喜爱，以及自己应当为他人承担的责任。一旦某种新行为成了习惯，那么人的性格也会因此而改变。

你要思考，自己的员工必须反复执行哪些行为，才能令他们接受新的习惯。

· 哪些行为表达了你期待出现的新观念？

· 你如何才能让员工不断展现出新的行为方式，直到这些变成他们的习惯？

· 你能通过员工的哪些行为看出变革已经取得了成功？

我曾经在一家企业中获得了一个成功转变的案例。尽管产品很出色，但企业销售部创造的营业额却输给了自己的竞争对手。公司领导开始寻找原因，并借助一个新的时间统计系统发现，自己的外勤人员每周五天平均只有一天半会出现在客户身边，而其他时间则是在办公室里处理案牍工作或者打电话。如果他们不与客户交谈，当然也就拿不出营业额来，所以所有的外勤人员都得到了一项严格的指示——每周必须有四天同客户待在一起。为此他们给员工们配备了新的移动设备以及额外的家庭办公设备，同时还增加了总部中内勤人员的数量，以便给外勤人员减轻负担。尽管开始阶段有些困难，但外勤人员最终适应了每周同客户谈话四天。上级最初发出的指令变成了员工的习惯，这令营业额上升几乎成了必然。那些不喜欢同客户打这么多交道的外勤人员可以转到内勤来工作。在过去，外勤人员的行为习惯被死板的上层规定所束缚，而在变革之后，客户成了他们日常工作中最为重要的因素。

如果你想让他人改变自己，那么仅仅改变他们的习惯还不够，还有一个条件必须要被满足。

借助成就感创造出积极的情绪（rejoice）

人们主要是依靠痛苦按钮（离开）和快乐按钮（靠近）来行动的。在开始展示一种新行为之前，我们一般要先按下痛苦按钮，而为了能让新的行为方式长期保留下来，改变过去的习惯，我们必须要让做事的喜悦感在某个时刻出现，我们需要成就感来继续坚持。欧尼斯和希尔伯特在自己的项目中都成功地让被试者体会到了成就感和积极的情绪。

案例：心脏病人

在欧尼斯教授的项目中，成就感在很多方面都曾出现。首先在健身方面：心脏病人起初几乎走不到100米就会开始胸口疼，而仅仅在四周有规律的训练之后，这种疼痛几乎在所有病人身上都大幅减轻了。没有疼痛的感觉是美好的。另一个重要的方面是“爱与支持”：在互助小组中，成员们会给予并得到关心和鼓励，有时也会有来自他人的安慰。这种感情植入同样会带来积极的感受。在“压力管理”方面，参与者学会了利用瑜伽来放松身心，并利用心理学知识来化解压力。在训练学时结束后，他们得到了彻底的放松。即便在项目结束两年之后，参与者每周平均还会坚持冥想两小时。在“营养”板块中，参与者学会了烹饪健康的饮食。他们不久之后就成功地做出了美味的素食。而他们中很多人之前都是靠快餐和方便食品来度日，因为他们完全不会做饭。全部四个方面都为参与者带来了成就感和积极的情绪。

这种借助自身力量改变自身命运的经历，会激发病人的后续行动。他们在生活的其他方面也会变得更加积极，因为他们已经知道自己能带来一些改变。借助新的生活习惯，人们还经常会拥有新的朋友圈，因为旧圈子已经配不上新思想了。我们总会吸引那些符合自己思维发展轨迹的人。谁一旦变成了自己生活的“塑造者”，那他便不会再与那些坚持扮演输家角色的人产生共鸣。

案例：服刑者

酒精、毒品和暴力在德兰西街基金会是严格禁止的，触犯的人会被立即送回监狱。新来的学员如果能认识到，他们能够做到在没有毒品和暴力的情况下存活四周，那这件事在他们眼中将会是一个巨大的成就。这个初期成就（Quick Win）以及对他人的信任感将会激励学员们继续坚持。

借助其设施、员工和行为准则，德兰西街基金会营造了一个环境，在这里，之前只知道暴力和肆无忌惮的人，变成了能够体谅别人，并为他人和社会承担责任的人。培养自己的同情心是一种美妙的感觉，这还会令生活变得更加丰富。

在曾经的犯罪分子体会爱和好感的同时，一些令人吃惊的事情发生了。由于学会了换位思考，所以他们明白了自己以前都对别人做了些什么，并经常因此陷入深深的自责之中。德兰西街基金会因此创建了一种被称为“放荡”（Dissipation）的制度。几个曾经的罪犯会在小组中共度几日，他们每个人都会讲述自己过去的故事，这种交流的关键并不是犯罪的经历，而是罪恶感。在交流的过程中，很多曾经十分残忍的男人在幼年之后第一次开始哭泣。麦麦·希尔伯特要求他们原谅自己，并在未来对他人做一些有益的事，以此弥补自己过去的生命。她称之为“将天平调平”（Balancing the Scale）。事实上，绝大多数基金会成员都非常期待能做些好事来回报社会，因为他们之前给社会带来的只有愤怒和损失。他们会将这种人格上的改变表现出来。在饭店、公司和商店中，德兰西街基金会成员名声都很响，因为他们特别诚实、友善、有服务意识。在德兰西街基金会所在的城市中，他们已经完全得到了社会的接纳。

麦麦·希尔伯特坚信一点，即我们每一天都能选择自己做人的方式。她的原话是这么说的：“我们每个人都能达到自己的最高点，也能滑落到自己的最低点。我非常坚信没有什么是介于好坏之间的。你不能又好又坏，也不能又健康又生病。只要你在一天中没有做正确的事情，那你在这一天中就是个混蛋。你不可能正在‘朝着正道赶去’，你只能通过行动来选择正确的道路。”

你作为领导者，该如何做才能让员工在变革的过程中体验到成就感以及与此相连的积极情绪呢？

人们在这个问题上花费的时间总是太少，有时甚至为零。有的领导人对我说：“我有一个重组计划，这个计划中没什么好事，也不可能有什么积极的情绪出现！”事实可能的确如此，那你至少也得挖掘一些能用来谈论的前期成果。成果会给人带来美好的感受，如果我们能感受到事情在向前发展，那么接受生活中那些令人不愉快的进程就会变得容易很多。停滞和缺乏信息对绝大多数人来说是最糟糕不过的。所以，你要有意识地计划前期成果，并同员工们谈论它们。

改变周围环境和奖励机制

你现在已经知道，要想帮助他人长久改变自己的行为，哪三个要素是你需要注意的。你当然要坚持不懈地为员工示范新的行为方式。你要意识到自己这位领导者是员工周围环境的核心组成部分。然而，为了创造一个促进新行为方式和思考模式的工作环境，你还能做到更多：

· 针对新的行为方式，你要调整自己的奖励机制。请奖励那些坚持贯彻新行为的员工。

· 如果有员工以身作则，推动了企业所崇尚的文化，那你要让这类员工走上领导岗位。

· 在重组的过程中你要注意，新引进的员工本身就应当具备所需要的思维和行动模式。

· 清除前进道路上的障碍。

然而遗憾的是，企业的组织环境总是和改变现有文化所需要的措施背道而驰。比如在你要促进团队协作的时候，企业为个人制订的年度目标恰恰会暗示一个信息，即员工间的竞争是符合期待的，改变当前文化的努力会因此遭到破坏。或者在你想要执行以优点为导向的管理时，企业制订的评分系统却一边倒地注重了对缺点的弥补，而不是对优点的发扬，这同样会给你出难题。如果你不能让企业的组织环境同自己相适应（事实往往正是如此），那你至少要同自己的下属领导交流，并将矛盾解释清楚。你要强调自己作为领导者看重的是什么，以及自己会奖励哪种行为。在出现矛盾的时候，你这位直接领导者做出的评价会比企业的组织文化更重要。然而你要将这些指示都公开说明，才能令它们奏效。

如果我们不断重复某种行为，它便会成为习惯，并会随着时间的流逝改变我们的思维方式。我们所践行的文化以及蕴含于该文化之中的观念都会随之改变。你可以通过一点来观察某种行为是否已经属于新型文化的一部分，即当有员工做出了相反的行为时，其他员工所展现出的道德约束力。假设有一名坐在大办公室里的员工多次故意打响嗝，由于他的行为已经处在了大家公认的恰当行为的对立面，所以他可能会接收到严厉的目光，甚至来自他人的议论。如果你想引入一种服务文化，而其中一名员工的行为在他人看来明显与这种文化不匹配，那么其他员工必须要用眼光来劝阻他。相反，如果其他人只是点头、微笑或者沉默，那你倡导的文化显然还没有被践行。

本章总结：

1. 只有在特定的条件下，人们才会改变自己的习惯。

2. 找出必须要被改变的关键因素（研究）。

3. 请让一种行为方式不断被重复，直到它变成一种新的习惯为止（重复）。

4. 借助成就感来营造出积极的氛围（快乐）。

5. 改变工作环境和奖励机制。

第四部分

LEADERSHIP

不会沟通，你怎么带团队

第八章　流言心理学

在变革中，你要如何同他人交流

仅仅说事是不够的，我们必须要同人交流。

——斯坦尼斯洛・耶日・勒克（Stanislaw Jerzy Lec，波兰作家）

除了正确对待情感以外，如果还有哪个方面在变革过程中至关重要，那它一定就是交流了。交流能让变革坚挺，也可以令它夭折。在变革中，员工之间交流的内容往往不是你所期待的。所以，坚定不移地同“楼梯间播报台”斗争，或者最好能提前避免它的出现，便显得十分关键。

在变革过程中，流言会快速扩散，并且它们的影响几乎总是消极的。流言的传播就如同“传话游戏”的场景一般。在队伍一端，你对第二个人耳语的词是“宝物瓶”，而到了队伍的另一端，传出来的词就变成了“炼乳包”。流言有一种本事，就是它会随着时间的流逝变得越来越消极，就如同下面的例子所展示的一样：

A 对 B 说：“我听说我们部门正在计划重组。”

B 对 C 说：“我听说，我们部门有重组的计划，谁知道会不裁员呢？”

C 对 D 说：“你听说了吗，上头想要裁员！”

D 对 A 说：“又要裁员了。听说有三到四个人要被炒。”

A 的回答："太不像话了，上头还骗我说这是一次温和的重组呢。"

因为流言几乎总会朝着消极的方向发展，所以你作为领导者必须有意识地同它抗争。通过交流，你将指明哪些事情会真的发生，而哪些不会。通过交流，你还能让大家意识到已经取得的成绩，减少恐惧和愤怒的出现。在变革过程中，针对"交流"这个课题存在着一系列合理的、行之有效的规则。你的很多经理同行都会展现出自己在交流方面的能力缺陷，不仅在变革中，而是在每一天。留意与他人交流的相关规则，会让你在领导者之中显得卓尔不群。

请尽早传达消息

在向员工传递消息之前，领导者经常会耽误太长时间。这么做的原因是可以理解的：有时候领导者不愿意无端地（假如变革最终没有发生）或过早地让员工担忧。即便变革已经成为不可避免的事实，领导者也不愿意在集齐所有信息之前便将信息传达给员工。即便获得了所有信息，他们也想要先将信息整理得井井有条、便于理解，而不是带着一个半成品计划出现在员工面前。但即便一切条件均已成熟，很多领导者还是羞于向员工传递这些"坏消息"，并开始拖延这项令他们难受的任务。然而领导者在整个过程中都严重低估了机密信息在员工之间传播的速度。有一点你大可放心：已经在暗中发生的事情，员工们肯定很早就能察觉到。他们不知道究竟发生了什么，但至少能了解个大概。此时流言蜚语已经开始发酵，在你试图纠正视听，向员工传达变革的积极面之前，消息已经都变了味儿。

你也许会问，员工是怎么得到那些机密信息的，因为这些消息只有领导者才知道。下面是几个从实践中得出的例子：

· 变革项目的核心团队为整个企业计划并制订了一个行动方案。一位董事会秘书将制订好的方案为全体董事会成员打印了出来。她在打印的过程中浏览了方案的内容，并在对方“保证不外传”的前提下，将方案内容透露给了自己最要好的同事。这位同事马上就将这些还冒着热气的消息透露了出去，当然也是在对方“保证不外传”的前提下。

· 企业工会必须要提前得知一项内容详尽的变革计划，并参与其中。这样的工会总是由很多人组成的。其中一名成员对计划中的变革感到愤怒，并在公会框架之外宣泄了自己的愤怒。

· 某些消息必须要在一个由全体领导者共同决定的明确时间点才能传达给员工，然而有一名管理者没有遵守这项规定，而是出于自己对“同事之谊”的错误理解，将这些消息提前告诉了员工。

类似的例子不胜枚举。消息的流出有无数条渠道，总有一条会直接或间接地通向你的员工。有一点你可以放心，你的员工一定会在某个时间知道某些事情已经发生，有时候他们甚至会对已经计划的调整事项有所了解。而这会令你陷入尴尬的境地，因为员工们当然知道你对情况是了解的，却在保持沉默。如果你在开会的时候继续假装一切都正常，而别人已经知道真相并非如此，只是你对此闭口不提罢了，那这一定不会为你的信任度带来积极的影响。

我们可以得出如下结论：因为员工得到一些消息的时间往往会早于人们的预期，也因为员工间的消息传播几乎总会让消息显得比实际情况要糟糕，所以你应当尽早将已经决定的变革介绍给员工。绝大多数时候，即使还有一些细节没有被确定下来，你也应当这么做。这个建议适用于区域及部门层面的变革，而针对规模更大的、企业层面的变革，有时则需要应用其他规则。

请让你的交流适合于大多数员工

如果你要将一个大的变革介绍给员工，那你首先要考虑哪个群组是你的主要传达对象。绝大多数领导者都会在一个特定的小群体身上花费过多的时间，这是错误的！

在变革过程中，你可以将自己的员工分成三组：积极的赞成者、占大多数的中庸派观望者、积极的反对者。员工中的三分之二表现得相对中立，这也许会令你感到吃惊。当然这只是一个大概的数值，它会随着变革的性质而有所增减。事实上，占据了大多数的“中庸派”也会经历“情绪过山车”，并会感受到恐惧、恼怒、悲伤等一系列消极情绪，但这并不会将他们变成积极的反对者。我曾经与一个大型跨国公司，同时也是该国的垄断企业共同经历了一次裁员，此次裁员涉及了一个拥有超过一万名员工的大区。令我吃惊的是，不仅是顶层领导，绝大多数中层领导、团队领导乃至员工都表示自己能明白此次裁员的必要性。他们既不是积极的支持者，也不是积极的反对者。他们中的绝大多数人会从某个时间开始配合此次变革，但不会为此倾注太多的心血，同样，如果他们不配合的话，他们也不会倾注太多的心血来抵制。

在面临变革时，员工所处的小组以及他们的行为

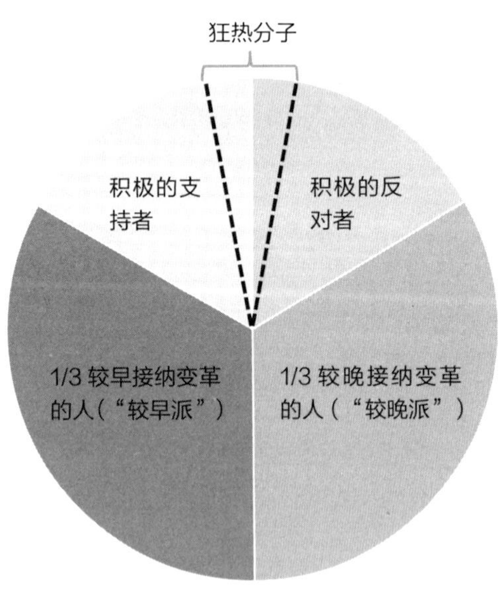

积极的赞成者往往是那些会为变革投入大量精力的人，因为变革符合他们的价值观，或者他们期待变革为自己带来个人利益。对变革而言，这些人都是很好的宣传者。请让他们加入到变革团队中来，或者如果你想让大多数人相信此次变革的话，你也可以让他们成为变革的代言人。在这些赞成者中也会经常存在几个“狂热分子”，他们在绝大多数人眼中都会显得过于极端。所以你要好好考虑一下，要不要将他们融入宣传工作中来。他们有些过激的看法可能会带来反作用。

接下来还有那些积极的反对者。在他们看来，计划中的变革会冲击自己固有的价值观或几十年来形成的习惯，也可能变革令他们对痛苦的转变感到恐惧。在大多数人都已经决定合作的时候，即便他们放弃抵抗，也一定会是最后上船的那一批。在积极的反对者中同样也会有“狂热分子”，他们会坚持抵抗所有能让行为发生改变的事。通常情况下，我们要让这些员工离开。

在变革中，你的交流应当主要针对以上三组中的哪个组呢?赞成者已经上船了，反对者一定会在最后才上船，而且还是在其他人都已经上船的前提下。你需要争取的是员工中的大多数。很多领导者都会犯一个错误，那就是在反对者身上花费太多的时间和精力。你要注意，反对者总是可以借助公开的讨论成为赢家。例如，在你当着众多员工的面与那些积极的反对者争论时，虽然你相信自己已经对他们的观点进行了回击，但事实却是，你几乎每时每刻都在谈论变革的消极面。反对者有机会继续提出其他反对变革的依据，并将员工们的焦点转移到他们的论据上。交战性质的争论会引发听众的恐慌，而有些恐慌是完全没必要的。你的反对观点也许从客观上看很有道理，然而从主观上看，这种争论会给绝大多数人留下一个印象，即变革会带来十分不利的后果。

你当然也需要应对那些积极的反对者，但请投入有限的时间和精力，而且如果可能的话，不要当着众人的面。否则反对者会牵扯你过多的精力和注意力，而这是你绝对要避免的。

如果你要谈论变革，那你首先需要知道有哪些异议和恐惧正在困扰大多数人，以及哪些方面能给他们带来正能量（详见第五章《问题 2：当所有人都开始抗议时如何将工作拉回正轨》）。你要谈论那些有正能量的话题，不要从自己口中说出存在的异议，这类异议往往会被那些积极的反对者提到。你交流的重心应当放在与绝大多数人相关的事情上。如果你要谈论变革的好处，那你需要寻找的论据必须切实涉及绝大多数人，而不是针对整个企业，或顶层管理者、支持者、批评者以及其他小群组的。由于它们所涉及的工作不同，所以这些小群组的期求往往会与绝大多数人不同。

正如你在之前的表格中所看到的，“绝大多数”之中还包含着较早和较晚接受变革的人（“较早派”和“较晚派”）。“较早派”会表现得更积极一些，并会更快地承担起自己的责任，而“较晚派”的行动则会消极一些，他们更注重传统和安全感，并且会先观望。一旦发现趋势已经明朗，那他们也会行动起来。我们人类属于并且今后还会属于“群居动物”。一旦一部分人已经开始行动，那么剩下的人迟早会自觉行动起来。在面临失败以及由此造成的反对势力增强时，“较晚派”很快又会有不安全感，甚至会撤退。所以，即便你相信自己已经争取到了“较晚派”，你也应当继续在他们身上花费精力。总而言之，变革中存在一个临界数量，一旦这个数量达到了，变革的车轮便会开始转动，为此你要争取到绝大多数员工。作为领导者，让自己的交流以及观点迎合“较早派”和“较晚派”的需求，是很重要的。

为自己的信息设定优先级，不断重复最重要的信息

在变革过程中你可以传达的消息有很多。思考一下：哪些消息属于核心消息？哪些事情是员工务必要知道的？哪些与变革相关的信息是一定要扎根在员工脑海里的？这些信息你务必要利用各种机会，通过不同的媒介反反复复地强调。

为什么重复如此重要？下面这张表格对此做了解释，表格的内容源自行为学家康拉德·劳伦兹（Konrad Lorenz）[①] 的一段话。

为什么你要不断重复重要的信息

想到	不等于	说出
说出	不等于	被听
听到	不等于	理解
理解	不等于	同意
同意	不等于	实践
实践	不等于	保持

① 康拉德·劳伦兹（1903–1989）：奥地利动物心理学家、行为学家、哲学家、自然保护者，1973 年诺贝尔生理学或医学奖获得者。

而事实上，很多领导者觉得消息传达一次，然后再找个时间重复一次就已经足够了，然而这是远远不够的。只有通过不断的重复，信息才能停留在员工的意识中。这绝不是说你的员工反应迟钝。人脑需要应付的感官信息量非常大，为了避免被信息的洪水吞没，大脑必须将一部分信息抛弃。而你必须不断地重复，才能避免最重要的信息被抛弃。除此之外，愤怒的员工有时由于心理作用，耳朵就仿佛被塞了棉花一般。也许你也熟悉这种现象：在被某人某事激怒或者受到强烈震撼时，你的思维不会像往常那么清晰，能够接收的信息量也变小了。身处变革之中的员工经常会是这种状态，所以为了保证核心信息被员工接收，你必须要一次又一次地借助不同的渠道来重复它们。如果你反复强调的信息与你的行为相符，那么这些信息便更容易被员工接受，并很可能被他们应用到实践中。只有当你踏进员工办公室，员工瞧你一眼就能重复出你的核心信息时，你的传达才算到位。

请首先通过行动来传递信息

信息传达的效果与你的行为密切相关。行动比言语更加有力，如果你说一套做一套，那员工定会将一切都放在眼里。所以，请保持正直。说出自己所坚持的东西，并坚持做到自己所说的话。美国人称之为“言出必行，说到做到”（to walk the talk）。下面有几个例子可以诠释这一点。

2000 年，德国经理迪特尔·泽谢（Dieter Zetsche）被曾经任职的戴姆勒 – 克莱斯勒公司分配到了美国，他的工作是整顿该公司。戴姆勒－克莱斯勒公司是由戴姆勒－奔驰公司和克莱斯勒汽车公司于1998年合并而成的。虽然此次合并被称作是“同级别企业的联合”，却没人真正相信这一点。绝大多数人都把它看作戴姆勒－奔驰公司的一次收购行为。已经陷入财政赤字的美国克莱斯勒公司在此时必须要进行重组并转亏为盈。然而企业并没有按照“同级别联合”的方针将这项工作分配给美国人，而是把一个德国人送到了美国。在美国人看来，有个老外要来到一家充满了自豪感的美国跨境企业，并教授这里的员工优质管理应该是什么样的。你可以想象员工们的期待值有多高。除此之外，德国人还拥有严格、呆板的形象。而事实上，泽谢首先是作为优秀的倾听者引起了大家的注意。为了能让自己对公司有一个全面的了解，他曾和很多人交流，交流对象来自各个层级。通过说出自己的坚持，并坚持自己的承诺，他赢得了别人的信任。他并不会去经理餐厅吃午餐，而是来到车间食堂和员工们一起排队。即使在同流水线工人交谈时，他也会友好地说：“叫我迪特尔就好。”（Call me Dieter.）泽谢的举止证明了他对公司文化的尊重，也证明了他的情商。虽然他在整顿的过程中进行了大幅度的裁员，但在2005年离开公司时，泽谢还是为自己赢得了“好人”（good guy）的形象。在此之后，他凭借出色的工作成为戴姆勒股份有限公司的董事长。

作为一个俗语典故，第二个例子你也许听过，它证明了人们如何通过行动来让交流效果不凡。

叙拉古僭主阿加托克利斯（Agathokles von Syrakus）是希腊国王，他曾发动了几场针对势力强大的北非王国迦太基（Karthargo）

的战争。在迦太基于公元前310年占领了整个西西里岛（Sizilien）时，叙拉古遭到了围困，局势看上去已经没有希望了。正在迦太基人因为补给船的到来而分心时，阿加托克利斯带着60艘船离开了港口，并恰好在破晓之前甩开了迦太基人庞大的舰队。航行了六天后，叙拉古人的舰队到达了位于迦太基国附近的非洲海岸。因为迦太基人有史以来还从未在自己的领土上遭受过攻击，所以他们几乎没有搭建针对敌军的防御工事，而只是驻扎了少量军队。在到达后，阿加托克利斯国王下达了一个令人难以置信的命令——他将整个舰队的战船都一把火烧了。燃烧的战船成了士兵脑海中难以忘却的一幕，就这样，叙拉古军队毅然决然地进军迦太基。被烧毁的舰队让每一个士兵都无比清楚一点，那就是自己不可能有回头路。然而这次史诗般的行动却有一个缺乏英雄气概的原因，那就是阿加托克利斯当时连一个留下照看战船的人都派不出来。就这样，历史上有趣的一幕发生了：战争双方同时威胁着对方的首都。

从这时起，人们开始用“烧毁战船”这个词来表示不留退路。在这里出现了一个有趣的问题：为了做到用行动交流，有哪些“战船”是你能烧毁的呢？

曾经的大众汽车公司的首席执行官费迪南德·皮耶希（Ferdinand Piëch）便是一个例子。他在企业中的外号是“接缝费迪”，因为对他来说，接缝间隙距离（即车身组成部分之间的间隙距离）作为质量指标实在是太重要了。前通用汽车公司董事长鲍勃·鲁茨（Bob Lutz）就曾经被大众汽车的接缝间隙所震撼。

《经理人杂志》（*Manager Magazin*）曾刊载过如下谈话：

“被冲压得如此精准的铁皮部件，做工如此干净利落的车身，除了在大众，我还从来没在别的地方见到过。通用汽车就做不到。”鲁茨称赞着自己的竞争对手。“你也想做到吗？”皮耶希问道，“那你听好了：我曾经把负责人叫到办公室来，跟他们说，在半年之内，车身部件的间隙距离必须控制在四毫米之内，如果做不到，那你们就可以走人了。”在通用老总还在怀疑自己的行动能否如此坚决时，皮耶希又迅速下了个结论：“你不想这样做？那你也不想要更好的接缝。你只是期待自己能获得它而已。”

“宽限期”在皮耶希这里是不存在的。一年期之后，要么赤字不复存在，要么就会有新面孔走马上任。

皮耶希是个另类，也或许是他那个时代汽车行业中最出色的老总。然而批评者曾经推测，大众尾气丑闻（柴油门）事件的一个重要原因，正是继任者马丁·文德恩（Martin Winterkorn）对皮耶希“要么做到，要么换人”原则的支持。

你可以借助自己的“行为交流”成为榜样，或创造出某种不可逆的事实。无论如何，你的“言语交流”和“行为交流”彼此间都不能有偏差。

曾经有一家拥有数千名员工的跨国金融企业为了节省资金，决定将自己的办公总部转移到另一个城市。新办公楼被设计了出来，建筑的模型也被展示在老办公楼中。一位细心的员工计算了新楼的办公面积，并发现楼中缺少300名员工的工作区域。他向工会报告了这条信息，工会为此询问了董事层。董事层要求工会做出的解释是：这只是建筑设计时的一个失误而已，人们今后能验证这一点。而在迁址前不久，公司公布了减员300人的消息。在工会抗议减员人数和新大楼中缺少的办公岗位数恰好吻合时，获得的答复居然是“这只是一个巧合”。通过员工和领导者之间的对话，我能确定没人会相信这只是一个巧合而已。

请不要把消极的事情说得很好听

下面这个有趣的实验向我们展示了语言对于我们人类的巨大作用：

实验员邀请被试者参与一个看上去像是语言能力测试的实验，在实验中，被试者要将一些概念分类并用它们造句。其中一个小组得到的是和衰老、疾病及虚弱相关的概念，而另一个小组得到的概念都是关于效率、运动和成就的。在测试结束后，参与者走出大楼时需要通过一条走廊和一段台阶，实验员会测量被试者走完这段距离所用的时间。同样一个实验，其不同的版本在不同的大学被重复，然而实验结果却总是相同：获得了积极概念的小组，其走路速度明显快于另一个小组，即面对衰老、疾病和虚弱等概念的小组。

由于语言能对人施加如此大的影响，所以你应当使用具备积极含义的概念，并在描述局势时注意策略，以便让新的、乐观的看法得以出现。

但要注意的是，如果局势明显不利，那么过于积极的语言包装会让员工感到非常做作，在我们的文化中，不利的事实往往会被渲染上积极的色彩。人们会首先想到诸如“丰满”“教育相对薄弱”“对劝告免疫”一类的词。企业应用的专有词汇中充斥着这类委婉语。员工们是被“释放”了，而不是被解雇了，这听起来就好像他们之前遭到逮捕，最后终于被救了出来一样。与提升效益有关的项目，往往会得到 NICE（美好），FUN（欢乐）之类的缩写名称，尽管这些都是员工们在执行过程中最无法体会到的。作为领导者，你必须要能够判断，积极的描述在哪些时候是恰当的，在哪些时候它仅仅是在过度美化一个着实令人难过的事实。比如，经理们普遍喜欢用“挑战”这个词来代替“难题”，因为“挑战”这个概念是以解决方案为导向的，并且包含了更多积极的元素。但如果一个企业已经濒临破产，那它面临的就是一个难题，而不是一个令人兴奋的“挑战”了。针对“不要用语言来美化真正的坏消息”这个话题，我们可以先来看一下著名演讲《热血、辛劳、汗水》中的一个选段。这段演讲是温斯顿·丘吉尔[①]（Winston Churchill）于 1940 年 5 月 13 日任职英国首相后在英国下议院做出的。在演讲中，他毫不掩饰地介绍了当时的情况，并成功地将整个国家都调动了起来。他事后获得的诺贝尔文学奖当之无愧。在介绍了战时内阁的计划之后，丘吉尔用下面这段急切的呼吁结束了自己的演讲：

---

① 温斯顿·丘吉尔（1874–1965）：英国政治家、历史学家、画家、演说家、作家、记者。他曾于 1940–1945 年以及 1951–1955 年两度出任英国首相，被认为是 20 世纪最重要的政治领袖之一。丘吉尔于 1953 年荣获诺贝尔文学奖，并在同年荣获诺贝尔和平奖提名。

我向国会表明，一如我向入阁的大臣们所表明的，我所能奉献的唯有热血、辛劳、眼泪和汗水。我们所面临的将是一场极其严酷的考验，将是旷日持久的斗争和苦难。若问我们的政策是什么？我的回答是：在陆上、海上、空中作战。尽我们的全力，尽上帝赋予我们的全部力量去作战，对人类黑暗、可悲的罪恶史上空前凶残的暴政作战。这就是我们的政策。若问我们的目标是什么？我可以用一个词来回答，那就是胜利。不惜一切代价，去夺取胜利——不惧一切恐怖，去夺取胜利——不论前路如何漫长、如何艰苦，去夺取胜利。因为没有胜利就不能生存。我们务必认识到，没有胜利就不复有大英帝国，没有胜利就不复有大英帝国所象征的一切，没有胜利就不复有多少世纪以来的强烈要求和冲动：人类应当向自己的目标迈进。我精神振奋、满怀信心地承担起我的任务。我确信，大家联合起来，我们的事业就不会遭到挫败。在此时此刻的危急关头，我觉得我有权要求各方面的支持。我要说："来吧，让我们群策群力，并肩前进！"

叙述要具体

在变革的过程中，员工总会有如下疑惑：究竟什么要被改变？这次变革对我而言意味着什么？如果员工得不到这些问题的答案，那他便无法获得执行的力量。人们首先要明白究竟需要变革什么，然后才是是否愿意执行的问题。只有弄清楚变革之后，人们才能形成自己的意见。

员工们经常不明白管理层究竟想让他们做什么。但这往往与

员工关系不大，其主要原因是领导者表达含糊、语句空泛。经理们喜欢用“精益”（lean）、“以客户为中心”（customer-focused）、“具有企业精神”（entrepreneurial）等口号。然而这些英文外来词背后隐藏着什么？对于领导者而言，这些口号与通向成功的内心态度紧密相关。如果领导者们提到变革进程务必“精益”，那他们一定知道自己指的是什么。然而对于员工而言，“精益管理”只是一个空洞的概念，所以你的叙述要具体。

“具体”并不意味着你要将所有的执行措施都详细地解释一遍，这些细节最好能在参考了“变革团队”的想法和经验之后再被确定下来。这里的“具体”是指用内容来充实空洞的概念。如果你希望自己的部门更加以客户为中心，那这具体意味着什么呢？对客户而言哪些事情将会改变呢？是投诉受理变得更加专业化，供货期限被缩短，还是客户会被外勤人员更频繁地拜访？而这些对员工而言又意味着什么呢？是会出台针对所有员工的培训措施，还是整体调整物流程序，或者增加“客户面谈日”？针对变革的发展方向以及变革对他们的影响，你的员工希望能得到具体的观点。请在交流时避免过度使用专业术语以及商业领域的缩略语。如果在信息传达过程结束之后，有人问你的员工具体哪些方面会发生改变，那你的员工必须要能用简明清晰的语言来复述这些改变。如果员工的答案是：“不知道，也许客户服务方面有一些吧。”那你的表达便不够具体。

“具体”还意味着，你要传达现实的目标。如果顶层领导制订了不现实的目标，那你务必要对这些目标加以限制。你作为中层领导，能敏锐地感觉到哪些是可以做到的。对你的员工来说，获得无法实现的目标尤其令人泄气。想象一下，假如你要训练跳高，上司把横杆设到了两米，然后说你的目标就是在今年底跳过这个高度。如果你清楚自己最多也就能跳到一米七，那你会怎么做呢？你也许会保证一定量的训练，以便人们不会批评你把事情搞砸，可是你并不会倾注特别的心血，因为你知道这个目标是不现实的。如果领导的目标定得过高，那你要向他解释，在你看来什么样的目标才符合现实。如果他不肯修改自己的目标，那你要在官方场合向员工传达这个目标，而在非官方场合下，你要以单独谈话的形式向下属领导解释，在你看来完成哪些能够实现的业绩就算是成功了。对员工来说，最重要的共事伙伴是你，而不是坐在二十层高楼里的那些抱有非现实性期待的董事们。

请将短期和长期成果传达给员工

就像在新闻媒体中一样，在企业里，负面信息的传播速度同样会比正面信息更快，停留在人们记忆中的时间也会更久。所以，重要的是你不仅要有意识地计划短期成果（详见第六章），还要明确地传达这些成果。这会让支持者的声音更强，让观望者变成支持者，并让反对者的声音减弱。而如果你没有宣传这些前期成果，那么反对者会觉得自己的力量增强了，观望者会转变成反对者，而支持者则会开始沉默。作为领导者，你可以通过正确的交流方式来避免后面这种情况的发生。

正如传达短期成果对赢得临界人数起到的重要作用一样，反复强调长期成果对于变革而言也同样重要。这会有助于巩固员工近期习得的行为方式，保证员工们在掌权者制订新变革的窗口期，在压力减弱时，不会回到自己的旧习惯中去。

在实际工作中，领导者总会认为员工们已经了解了变革所取得的成果。而事实上，在员工的意识中与成果相关的消息往往会被众多日常问题和亟待完成的工作所淹没。如果你不能反复提醒员工已经获得的成果，那你相当于把员工最强大的动力给扣住了，因为没有什么是比成果更能激励人的。介绍成果的方法属于你领导才能的一部分。请抓住机会，将自己认为重要的成果立即传达给员工。你最好同“变革小组”共同讨论一下以哪些方式来传达哪些成果。

请反复利用形象和类比

对我们的大脑意识而言，形象、类比和典故都有很强的作用力。一家即将倒闭的美国公司中的某生产基地就是个例子。

在公司倒闭的消息公开后没多久，员工们就将生产基地比喻成了“正在下沉的船”。这个比喻的威力实在太大了，因为大家都想尽快逃离一艘下沉中的船，船其实已经被人们抛弃了，它现在毫无价值。但公司做出的指示是：该基地在公司倒闭之前都将按照过去的质量标准继续全速生产。由于没人觉得自己应该为这艘“正在下沉的船”承担责任，所以基地已经变成了一个棘手的问题。然而基地的领导者在演讲中成功地让另一个类比在员工脑海中扎了根——他将目前的情景比喻成了“一艘大船的最后旅程”。这个新比喻听起来好像就是个文字游戏而已，然而它的确在一定程度上改变了员工们的头脑和内心。他们中的很多人在基地工作了几十年，并为基地感到自豪。当前的目标是让这艘服役已久的大船安全地回到最后的港口，让它成为一段美好的回忆。没人愿意让这艘已经忠实服役了几十年的大船被别人批评，所以直到最后一刻，员工们都在努力保持着之前的产量和质量。

你要思考，自己可以在交流过程中积极地利用哪些形象、类比和典故。在员工的脑海中，一个形象胜过千言万语。

在你聆听 20 世纪的伟大演讲时，请留意一下，这儿的伟大的演讲者使用了哪些令我们记忆深刻的形象。为此你还可以再读一遍丘吉尔演讲的节选，以及下面的例子。

1963 年 8 月 28 日，马丁·路德·金博士在华盛顿特区为在场的 25 万人发表了演说。他著名的演讲《我有一个梦想》（*I have a dream*）借助的唯一方法就是对各种形象的运用。你可以在网上找到演讲的文稿和视频。如果要研究语言形象的运用，那他的演讲绝对值得一看。你觉得，假如他的演讲题目是《我有一个概念》或者《我有十点计划》，那这次演讲还会被载入史册吗？

这里并不是说你也要给员工们做一场像 *I have a dream* 一样的演讲，而是要有意识地运用形象、类比和典故的效果。你要培养自己对语言形象的感觉，并逐渐开始自发地运用这些形象。如果你练习了用语言来描绘画面，那么这些画面便会充满真实感，并会发挥作用！

然而如果我们塑造了差劲的形象，那它同样会发挥很糟糕的作用。

一家拥有良好声誉的传统企业收购了一家长时间被报道负面消息、名声不佳的金融类公司，并为该公司重新命名。被收购方的员工对此普遍感到高兴，因为新的公司名在客户听起来非常值得信赖，这会令生意好做很多。合适的收购条款也令员工们的情绪呈现出一边倒的乐观。新总裁做了上任演讲，演讲的内容不难理解，也容易让人接受。在演讲快要结束的时候，他放了一个小短片，在短片中人们看到了一只在冰面上匍匐滑行的北极熊，熊的头贴在冰面上，屁股朝上撅着，显得十分懒散。总裁对此的评价是："我们的过去是这样的。"而他的下一句话则是："我们的未来是这样的。"与之对应的是视频中的一只企鹅，它正随着电子摇滚乐的节奏在冰面上蹦蹦跳跳。（如果你在 YouTube 上输入“Penguin and Icebear”，就能看到这段视频，企鹅和北极熊的出场顺序正好相反。）在这段充满画面感的描述之后，一些员工眼中已经含着愤怒的泪水。接下来的几周中，被收购方的员工在自己的办公室里挂出了北极熊的海报，同时关于北极熊的各种笑话也在整个企业中流传开来。

请计划与“相关者”的交流

如果你想执行一项规模更大的变革，那你要好好考虑一下相关者都有哪些人。这里的“相关者”可以是个人、团体或机构，它们对此次变革投入了一定的关注度，所以理应定期得知变革的相关信息，如工会、经理、总经理、评审委员会、舆论制造者、其他的大区或领域、企业交流层、银行、供货商、客户，当然也可能是你的下属领导和员工。有些时候，人们会认为某些相关者不那么重要，并在交流的时候干脆将他们抛在脑后。一旦被忽视的相关者出于对你的愤怒，而开始积极地、卓有成效地破坏变革计划，那他在此过程中展现出的力量将会强大到令人惊叹。为了避免这种情况，你要把所有的相关者都算进来，并且思考如何同他们交流。与下属领导共同开展附录中介绍的研讨会，便是一种交流形式。针对每一位相关者，你都可以在研讨会中寻找下列问题的答案：

- “相关者”都有谁？
- 我们要让他们了解哪些信息？
- 我们要在什么时间同他们交流，交流的频率该如何控制，如何才算“定期交流”？

· 仅仅传达信息就可以，还是有必要展开对话？

· 我们要通过哪些渠道来同“相关者”交流（单独谈话、小组活动、邮件、电话、信件、网络等）？

如果你由于时间不够或其他原因无法定期向所有的相关者传达信息，那你就把范围缩小到最重要的人。这是一个理性的决定，与你出于疏忽而忘记某一组人是完全不同的。

本章小结：

1. 尽早开始交流。
2. 交流要针对绝大多数员工。
3. 给自己的信息制订优先级，不断重复最重要的信息。
4. 首先通过自身行动来交流。
5. 不要美化负面的信息。
6. 内容要具体。
7. 谈论已经取得的成就。
8. 反复利用形象和比喻。
9. 规划同“相关者”的交流。

第九章　当世界末日到来，泪水填满大海

你应当如何对待变革中的失意者

危机中见真性情。

——赫尔穆特·施密特（Helmut Schmidt，德国前总理）

在艰难的变革以及严重的危机中，员工会比平时更注重你这位领导者的行为，并会对此加以分析，这时你说出的每一句话都会被仔细斟酌并解读。然而，人们首先观察的是你的行动方式。在面临压力和紧迫感的时候，你还能信守那些在顺境中做出的承诺吗？你将如何面对那些始料未及的糟心事？你要清楚，此时你的行为将会决定未来几年中员工对你的看法和评价。无论你的行为是否特别具有榜样作用，员工们都会记住它。事实就是这样。优秀的舵手在风暴中方显本色。在顺境中说些高雅的话，这谁都会，然而逆境却能检验一个人是否会用自己的生命去履行说过的话。

人们尤其会用批判的眼光来观察你是如何对待变革中的失意者的。在绝大多数的变革进程中都会出现失意者，他们要么被调配到了不合自己心意的岗位，要么被贬职甚至解雇。谁如果失去了自己熟悉的工作环境、心爱的头衔——甚至更糟糕一些——失去了自己的职位，那他穿越“情绪过山车”的旅程就如同一场地狱之行。他们除了要经历那些令人不适的变化之外，还会在同事

之中失去颜面。对你这位领导者而言，这会带来诸多问题。你将如何同这些受到波及的员工打交道？你该如何对待一位从部门领导降职到小组长的员工？你应当如何解雇一位兢兢业业的员工？你要如何面对一位由于岗位削减而受到伤害的员工？

请与受到波及的员工交谈

与面对很多别的难题时一样，“换位思考”同样会帮助你回答上面这些问题。请问问自己：

如果处在同样的境地中，我会期待上级做些什么呢？

如果你花上几分钟时间，将自己置身于对方的立场上考虑一下，那你一定可以想到很多能够避免局势进一步恶化的要素。假如有一条坏消息将会波及你，那你很可能会期待通过与上司的面谈来了解相关变动，而不是通过其他途径获取信息。你的上司应当对谈话做好准备，并以尊重你个人价值的、充满人情味的方式来同你交谈。如果他在未来的某一天还有兴趣了解你在变动之后的处境，那这一点也许也会成为你心目中的加分因素。作为领导者，你至少要安排两次与变革对象的谈话，如果有机会，谈话次数还可以更多。

如果你要通知员工一条坏消息，那你要挑选一个安静的环境，并确保你们不会被打扰。如果谈话的主题对员工来说生死攸关，那就不要在谈话开始时先来上一段友好的寒暄，因为此类寒暄只适合于那些并不是很紧张的话题。如果你在谈论天气或度假时，突然将话题转到转岗、贬职或解约，员工便会在事后觉得你缺乏诚意和尊重。请直奔主题。在谈论负面消息时，表述清晰、避免误解是十分重要的。

有些领导会尝试将坏消息夹杂在好听的话中，但正如下面的案例所示，这种行为容易造成误解。

曾经有一位员工在与上司谈话之后，开心地来到了人事部。上司在谈话中肯定了该员工具备的那些令他尊重的优点，并只是泛泛地谈到了目前的改组情况。通过此次交谈，员工断定自己将得到晋升，然而事实上这却是一次解雇谈话。领导的话在他当时听来，肯定不会显得像事后回想时那样古怪。

所以，请开门见山，并使用能够避免误解的语言。此时有一条基本法则是：

请在最开始的五句话之内说出那条坏消息。

比如在简短的问好之后，坏消息听起来可以是这样的：

1. 遗憾的是，我今天必须告诉你一个让你难受的消息。

2. 你知道，我们目前正在改组。

3. 将你的部门同隔壁的部门合并，已被列入了计划之中。

4. 在新的组织模式中，你将不再担任部门经理，而是小组组长。

作为领导者，如果你要对这个决定表示遗憾，那当然可以再加一句：

5. 我对此感到非常遗憾，因为我对你的业绩一直非常满意。

之后，你需要对这个决定做出详细的解释。仅仅指出一些普遍情况，如同其他企业的合并或企业内部结构的调整，对员工而言是不够的。员工永远都会想要知道，为什么倒霉的恰恰是他。例如，在刚才的例子中，也许另一个部门的经理就没有因为这次部门合并而被降为小组组长。所以：

你要精心准备一个只属于这名员工的理由，说明为何受到波及的恰好是他。

只要还有一点儿可能，那么请你在解释的过程中坚持说实话，但也要注意不要让员工的自我价值感遭受永久性的创伤。

在你传递坏消息的时候，员工完全有可能开始与你理论。这常常会引发一场将会令双方关系严重恶化的争吵。要想避免争吵，你首先要好好准备这次谈话，并在做解释的时候表述清晰。如果你的解释缺乏牢固的根基，并且不能让员工立即理解，那他除了与你理论之外也别无选择了。所以你应当腾出足够的时间来对自己的解释进行加工，并且在必要时提前咨询人事处的意见。你在谈话时也要清楚地向员工表明该决定即为最终决定，并且也已经得到了企业工会的认可，这么做的目的是避免让员工依旧抱有错误的幻想。

在此类谈话中，员工首先一定会对听到的坏消息感到震惊，这会令他们的信息接收能力大打折扣。所以初次谈话的真实长度往往不会超过十分钟。绝大多数情况下，领导者最好能与员工约定下次谈话的时间，以便能同他谈论变革的细节部分。

一旦针对某位员工的变更已被执行，那么你应当在一段时间之后再次同他见面，以便能问问他对新环境适应得如何。这么做绝对有意义。比如你可以用下面这段话来开始此次交谈。

穆勒先生你好，感谢你的到来，请坐吧。我可以为你沏杯咖啡吗？……今天我想再同你谈谈关于重组的事，以及重组给你带来的影响。为了处理关于两部门合并的细节问题，我们在此期间已经在专业的层面上进行了多次交谈。我非常感激你能用实际行动来支持这段进程。我绝不认为这都是理所应当的。多谢！我对你在部门合并阶段的经历很感兴趣。对你而言，很多事情肯定都和以前不一样了。隔壁部门的迈尔先生从下个月起就将成为你的新上司，而你也重组了自己的团队，并拥有了新同事。面对这一切，你目前感觉如何？

这类谈话属于你的建议，员工可以接受，也可以不接受。如果员工不想谈论自己的感受，而是更愿意就事论事的话，那也完全没有问题。但是，你对于员工本人以及他的感受所展现出的兴趣，则可能会获得员工的积极评价。如果员工接受了你的建议，那你最重要的任务便是倾听。在对话时，请不要为员工提供建议，因为这几乎总会带来反作用。如果一个人自认为被降了一等，那你也没法让他摆脱这种想法。激励性的话语并不会改变他的认知。你最好给他机会，让他说出对他触动最大的方面。很多领导者依然害怕在工作场景中谈论感受。你要学会接受一点：我们人类是有感情的生物，我们日常展现出的那副受到理性控制的样子，只是一个表象，而在表象之后隐藏的则是带有恐惧、愤怒和悲伤情感的真实自我。请坦诚地、不带任何期待地进入谈话，并为此花些时间，以便员工有机会能跟你说一说他们放在心上的事情。有些时候，如果员工表现出了自己的意愿，那么继续安排后续的谈话，并在变革进程中紧密地陪伴着他，这些都是有必要的。但你也要看清现实，要知道自己作为领导者能做到哪些事，而什么时候你最好从外部请一位培训师来。

请坚持亲自参与解雇谈话

在一些大企业中，“变革管理学”这个概念等同于“裁员”。解雇当然是变革过程中最令人难受的方面，然而你作为领导者可能会经历这些。因为这个话题仅仅在一些设计组织的变革中有一定分量，所以本书只会简要介绍关于解雇的内容。如果你已经要参与解雇谈话了，那我建议你务必研究一下安杰耶夫斯基的著作。

永远不要不做准备就去参与一场如此艰难的谈话，然后才发觉一切都可能变得很糟糕，以及哪些问题是你本可以提前注意到的。以专业的、尊重对方价值的方式来进行解雇谈话，对三方都有好处。首先这对你这位领导者的形象很重要；其次，对于被解雇的以及留下来的员工而言，谈话质量同样重要。毫无感情的解雇谈话会带来伤痕，并会永久性地伤害所有直接参与和间接参与变革的人!

原则上来说，所有前面介绍的，在进行令人难受的谈话时需要注意的规则，在离别谈话中都同样适用。你的准备工作必须做得非常出色，包括准备好针对该涉事者个人的解雇缘由，并在最初的五句话之内（不是五分钟之内）谈到重点。这五句话听起来可以是这样的：

1. 施贝尔茨先生，你知道，由于销售额的严重下滑，我们被迫裁员。

2. 我不得不在今天遗憾地通知你，你被卷入其中。

3. 并特此宣布，依照法律规定的期限，你将在下个季度结束后被解雇。

4. 这件事也令我的心情很沉重，我对此感到非常遗憾。

5. 本次解雇已经获得了工会的同意。你当然可以寻求工会的帮助。

如果企业有工会，那么针对所有的解雇决定，企业都必然要同工会展开讨论。尽管如此，你也务必要告知工会每一次解雇谈话的具体时间，因为员工可能在谈话后马上就要拉你一起去工会，所以工会最好已经提前知道这名员工会在这一天被解雇。

在最初的五句话结束后，谈话往往会按照下面几个步骤进行下去：

· 简要介绍一下接下来安排的几个步骤。

· 同员工约定下一次见面的日期，以便详细谈论接下来的进程。此次谈话可以由你本人或者人事处来负责。

· 请提示员工，企业会为被解雇的员工提供哪些福利，比如对“友好分手”的经济补偿，或者在再就业方面的顾问服务。

· 最后，同员工道别。

你要注意，不要在此时对员工要求过高。很多员工在听到解雇通知之后，在情绪方面都会陷入异常状态，甚至是“休克状态”。针对你后续的解释，他们的理解力会变得非常有限。所以，请先笼统地描述一下后续步骤，将细节问题安排到下一次谈话之中。但员工也可能反应平静，并立即针对后续步骤提出问题，所以将后续事宜提前都考虑清楚，绝对是有好处的。

离别谈话的基本规则

· 在为员工安排了谈话日期之后，不要给他发长篇的告知信。

· 你要亲自主持谈话！这次交谈是你亏欠员工的，所以请不要把这个任务推给你的经理或者人事部。只有你才能以真实可信的方式对他之前的贡献表示感谢。如果你在过去主持了那些涉及表彰、加薪、晋升的令人愉快的谈话，那么这些令人不愉快的谈话当然也属于你的分内工作。在此时，你将展现出自己的人格。

· 一般情况下，你要独自同员工交谈。只有在特殊情况下，你的经理、人事处员工以及其他人员才能作为证人出现在谈话中。

· 如果员工表现得手足无措，以至于你无法预计他未来会做出何种举动，那你要安排一个人（比如一位劳动心理学家）来帮助他。

· 你最好在上午进行谈话，并且避开周五的时间，以便被解雇的员工能很快与你再次交谈，或者找你来咨询。

· 一次谈话往往只会持续 7-20 分钟。如果你面临着多场离别谈话，那你应当将它们紧凑地安排到一起，但也要为自己留出休息的时间。

· 你应当尽量在变革的初期来进行这次谈话，而不是在解雇已经真正发生的时候。这样，你将让员工有更好的机会找到新工作。事后，无论是被解雇的员工还是留下来的员工，都会觉得你的行事方式是公平的。

· 请为谈话寻找一个安静的、舒适的地点。这个地方可以是你的办公室。然而，如果你的办公区域位于一个大办公厅的尽头，那请避免让员工行走在众人的注视之下。

· 请不要做那些会让人产生错误幻想的承诺。例如，“如果我们遇到了更艰巨的任务，你一定会是我们第一个回聘的人。”

· 请不要说那些没意义的套话。例如，“你年轻、有活力 / 你有经验、有主见，你这样的人一定能再找到工作的。”

· 你最好能对员工的强项做一个深入细致的个人反馈，如果你觉得他渴望获得此类反馈的话。

· 即便你觉得与某位员工过去的合作十分艰难，并对他的离开感到高兴，你也要在他面前表现出对其个人价值的肯定。你要尊重他，不要拿出一副“你终于自食其果”的姿态。

· 你要准备一杯水以及一些餐巾纸。

请同时考虑到那些受到间接冲击的员工

即便员工没有面临调岗、解雇，或者其他伴随着严重后果的、令人不舒服的变动，他们也间接地受到了冲击。变革会触动他们，让他们从情绪上与那些自己早就认识并尊重的同事共同经历调岗或离职。除此之外，关于自己的岗位以及自己对公司的作用，他们也会感到不安。他们在遭遇变动的同事面前往往会有负罪感。重要的是，你要通过自己的行动向他们表明，自己会公平地对待变革中的失意者，如果不这样做，那么对你的惩罚便会随之到来。

当面对“不公平”的情况时，那些受到间接冲击的人会做何反应？对此，博弈论和人脑研究都提出了有趣的观点。“最大化博弈游戏”便是一个简单的，但从结果上来看非常有说服力的实验。

两个人与一名裁判坐在同一桌，裁判先给A一笔数额固定的钱，我们假设有100欧元。A现在必须要告诉B，自己愿意从中拿出多少钱与他分享。假如B接受了A的报价，那么A就把钱分给他，这样两个人便都可以拿到钱。一旦B拒绝了A的报价，那么A必须要把钱还给裁判，这样两人均一无所得。如果从纯理性的角度分析，B 必须接受任何报价。即便是一欧元，从理论上讲他也必须接受，因为任何一笔大于零的份额对他来说都是利润。然而事实上，如果 A 的报价低于总额的 40%，那么 B 往往会拒绝。

为什么一个人会拒绝一笔可能有 30 欧元的奖金，而宁愿空着手回家？答案是：为了让对方也无利可图。这种看起来并不理智的行为所带来的满足感，已经超越了一笔钱能带来的满足感。人脑研究者发现，一旦我们能够惩罚一个行事不公的人，我们大脑边缘系统中的某个部分就可以被调节到积极的状态。这种惩罚行为被称作“利他惩罚”或者“无私的惩罚”，它会化解消极情绪，让我们拥有良好的感觉。所以，为了能施加惩罚，我们甚至已经准备承担这笔不小的损失。

作为领导者，这个心理学现象会给你带来哪些影响呢？先不说它可能会让你的信任度遭受无法弥补的损失，一旦员工认为你没有公平地对待那些被变革消极影响的人，这种心理作用便会驱使他们向你施加“无私的惩罚”。如果谁见证了一位老员工由于不愿接受一个“友好分手”的提案，而被撵出了公司，那他一定会想，这种事什么时候会轮到自己身上，他同时也会在自己的能力范围内惩罚上级的不公。惩罚的方式会有很多种，从偶尔把事情搞砸，到死板地照章办事，甚至可能包括彻头彻尾地抵制。大脑分泌媒介物质所引发的报复满足感，让员工战胜了面对上级回应的恐惧。因此，你必须首先重视下面这条规则：

请对“公平”和“透明”给予足够的重视。

你必须要保持公平，并让那些受到间接冲击的员工能够感受到这一点。所以，在变革过程中同员工打交道时，即便是面对那些被间接影响的人，你也要注意以下几点：

· 你应当向所有的员工解释，变革直接涉及的员工名单是借助哪些合理的标准被确定下来的，而不是仅仅向那些“不幸的人”做解释。

· 请坚持这些标准，不要毫无根据地破例。员工对你的公平性有敏锐的洞察力。

· 公开变革进程的相关信息以及个人决策的原因，借此创造透明的环境。

· 请在准备充分的情况下，以尊重他人价值的方式与受到直接冲击的员工展开谈话。如果你准备得不好，那么员工在谈话过程中会有明显的感觉，并认为你的行为对他的个人价值缺乏尊重，他们会将自己的愤怒讲给同事们听。

· 如果一件事让你感到难办或遗憾，那么请展现出自己的内心感受。如果在别人眼中这一切对你仿佛都没有任何触动，甚至你在这一天展现出了过分的强硬，那别人就很可能会对你施加“无私的惩罚”。

· 关心那些受到直接牵连的人，抽出一些时间来同他们谈话。你要通过这种方式帮助他们，并同时让受到间接影响的人看到，你并不会抛弃自己的员工。

· 让小组中受到间接影响的员工有说话的机会，让他们得以谈论自己在变革中的经历，以及他们对那些受到直接牵连的人抱有什么样的感情。

别忘了，你自己也将受到冲击

你自己同样也属于变革冲击的对象，这一点可不要忘了。也许你在企业中的职位也会被调整，而你自己必须挺过这场不讨人喜欢的变革。然而无论如何，你作为领导者注定会受到波及，因为你将会给员工带来内心的痛苦，这不仅对员工来说是巨大的负担，对你而言也同样如此。一项来自美国的调查研究证明了这一点究竟多么符合现实。该项目研究了 800 名在工作中出现心肌梗死并最终存活下来的工作者。调查的目的是探明那些在工作时引发心肌梗死的，具备显著统计学意义的原因。正如人们所预期的那样，很多在工作时犯心肌梗死的病人都面临着较大的时间压力。然而另一条具备显著统计学意义的原因，对于研究者而言却有些意想不到：解雇员工属于病人工作的一部分。这些领导者自己并没有被解雇，而是要向他人宣布解雇决定！

总的来说，解雇谈话是一个巨大的负担，这个负担并非只在解雇那些有孩子正在进修或上大学，以及因为房屋改建而负债的员工时才会存在。即使涉及的改变并不像解雇那样严重，这类谈话也会给你带来更大的心理压力。

别忘了，你的身体和内心并不是无限抗压的。作为领导者，你在变革的过程中同样会经历疑虑、恐惧、愤怒、悲伤、失望、慌张、负罪感，以及个人价值流失和被他人操控的感觉。你不能将这些感觉都“推到一边”，即为了扮演好领导的角色而将个人情绪强压下来，这一点至关重要。要为自己考虑，并照顾好自己——你有权利也有义务这样做。

这里有几个建议要送给你：

- 找到自己可以信赖的人，即那些你能够与之谈论个人经历、感受和恐惧的人。如果朋友们都住得太远，你也可以让一位擅长心理换位的咨询师来陪伴自己一段时间。请避免同自己的爱人长时间谈论职场上的问题。如果两个人仅仅针对工作期间的困难和烦恼进行交流，久而久之，这将会给双方的感情蒙上阴影。你将自己的压力原封不动地转移到了爱人和孩子身上。可你的妻子或丈夫并不是一块能吸收你所有负面情绪的海绵。然而你也不能将个人感受都堆积起来，所以，你需要找到一个人，一个能以亲密的方式同你交流职场之事的人。

· 请迎接恐惧、愤怒、悲伤等情绪的到来，并允许自己下意识地感知这些情绪。情绪对我们有着重要的作用。只要我们接受情绪的到来，情绪便会发挥积极的作用。恐惧会警示我们，愤怒会让我们行动起来，悲伤则会帮助我们释怀。一旦我们将这些不愉快的感受都排斥掉，它们并不会烟消云散，而是会继续在我们的身体中发挥作用，最终导致失眠、注意力下降、倦怠等身心疾病。请赐予自己休闲时光吧，你可以在森林中漫步一番，或者去蒸一蒸桑拿，也可以休上几天短假，或者在寺院中住上几日。因为你也许觉得对自己的爱人有所亏欠，所以你可以叫上他或她同行。找一个周末，把孩子放在老人家里，开上车，和你的爱人一起去个宁静的地方吧。

· 除此之外，你要制订一个晚间习惯模式，它要帮助你降低生活的节奏，完成从工作到私生活的切换。关掉手机，并且不要在晚上阅读邮件。

· 试着去感受存在于当下的美好瞬间。

本章总结：

1. 请同受到波及的员工交谈。

2. 坚持亲自主持解雇谈话。

3. 请同时顾及那些受到间接影响的员工。

4. 别忘了，自己也是受到影响的人。

第五部分

LEADERSHIP

高水准的领导力是能够应对长期改革的

第十章　记住，变革的浪潮永不停息

如何才能让自己的部门长期具备应对变革的能力

在船摇摆的时候，摔倒的并不是来回移动的人，而是傻站着的人。

——路德维希·伯尔纳（Ludwig Börne，德国作家）

如何才能让员工长期具备适应变革、灵活应对变革的能力，这是人们问得最多的问题之一。但对于领导者而言，如果遵循正确的提问顺序，那么问题首先应该是：“我如何才能让自己长期适应变革？”领导者也经常会表现得十分顽固，但他们不会把自己的顽固看得同员工的顽固一样严重。那么，究竟什么才能帮助我们以及员工提升自己适应变革的能力呢？

请创造一种期待改变的文化

文化是“一个集合，这个集合包含了某个集体从往事中获得的所有共同的、毋庸置疑的观念”。这些毋庸置疑的观念促进了思维模式的形成，即在面对某种特定的刺激时总会出现相同的思维反应，而相同的思维反应则会引发相似的行为方式。上述内容可以总结成下面的信息序列：

· 文化是由共同观念组成的。

· 共同观念造就了思维模式。

· 思维模式触发行动。

如果一个企业的文化中缺乏对变革的期待，那么员工共同的观念以及这些观念引发的后果，高度概括之后便如下图所示：

共同观念	“我们生活在一个稳定的环境中，变革只会偶尔发生。变革是一种干扰，它令人讨厌，并且往往是毫无意义的。”
思维方式（在变革被宣布的时候）	“哦，不！又来了！一定要这样吗？” “为什么恰恰是我 / 我们？” “我如何才能逃离变革？”
行动	毫无激情和能量、没有对责任的担当、照章办事、抵制。

然而绝大多数领导者的期待是这样的：

共同观念	“我们生活在一个不断变化的环境中，不断适应变革至关重要。每一次改变都会带来机遇。谁能够尽早执行变革，谁就能将竞争对手甩在身后。”
思维方式（在变革被宣布的时候）	“变革中蕴藏着哪些机会？” “我应当避开哪些风险？” “我有哪些见解？”
行动	快速高效地执行变革、充满激情、拿出自己的见解。

在阅读这些理想特征的时候，你可能会想，具备了此类观念和思维方式的员工，对于你这位领导者来说真是如同美梦一般。

从一定程度上说，你这么想也是对的。然而这样的员工终究是一场梦，他们是不存在的，所以你也不必去做拥有他们的美梦了。

你的员工不会充满激情地应对每一次变革，原因如下：

· 员工的程序性记忆和情绪性记忆都会同变革唱对台戏，因为长期记忆中的这两个部分都会在变革的过程中释放出令人难受的情绪。

· 员工的经验会告诉他们，自己面临的变革进程将会是令人厌恶的。

· 在绝大多数变革中都会出现失意者。这些人往往会成为变革的敌人，并会试着将那些“保持中立”的员工拉进反对的阵营中。

· 人们总是会倾向于热爱自己拥有的东西，并高估其价值。从心理学角度来说，与自己的所得相比，我们总是会更看重一件事情所带来的损失。除此之外，不安全感以及对未来的恐惧也同样会困扰你的员工。

在未来，你的员工依旧会将变革计划看得很严重。在对正常运转的流程进行改动之前，绝大多数人都会对新事物产生怀疑，这也是完全正常的。

如果你希望让自己的员工对变革大致拥有积极的态度，那这只会是一个长远的目标。实现目标的路程将会是一段马拉松，而绝非冲刺跑。请看下面的例子：

请假设有这样一个部门，在这里，一切事务都必须按照规定的流程来完成，每个人都必须严格地遵守规章制度，甚至客户都必须要顺应这些流程，哪怕这会给他们带来不必要的、令人愤怒的麻烦。所有曾经为了能迎合客户而尝试绕过这些流程的员工，都已经被清晰地亮明了底线。谁如果接受不了这一点，那他就离走人不远了。那些愿意按照严格的工作规定来工作的、对迎合客户不那么重视的员工会被优先保留下来。为了加强这种思维观念，该部门只会让那些严格按照规定行事的员工晋升。现在有一位思想更前卫的，将迎合客户需求看得最重的新领导来到该部门任职，他已经意识到了部门中的文化是多么死板，多么不适合客户，并决定改变这一切。然而要让整个部门都发自内心地对客户友好，以客户为中心，究竟需要多久呢？几周、几个月，还是几年？

这样的变革进程一定会持续几年。如果你作为领导者，想要将那些以安全感为导向的员工转变成那些灵活的“变革代理人”，即那些不会带着很重的疑心，而是平和的好奇心来面对变革的人，那你的工作难度和这位部门领导的任务难度旗鼓相当。令人不解的是，我们在面对其他事务时，总是能更容易地对其需要的时间做出客观实际的估计，而我们在面对自己的项目时却倾向于做出过于乐观的估计。改变一种文化以及文化背后的思维观念，需要很长的时间。

虽然你在短期内也许无法带来很大的改变，但长期来看，你却可以拿出令人刮目相看的成绩。一个基本的法则是：

绝大多数人都高估了自己短期内能达到的成就，却低估了自己长期能达到的成就。

如果你能够在几年的时间中成功地营造出一种欢迎变革的文化，那这一点绝对算得上是为数不多的、真正的竞争优势，因为它无法被复制。你在市场中的竞争对手不可能在几个月之内也营造出这样一种文化，他们同样需要几年时间，而你本人、你的部门，以及你的公司已经更早地经历了这段时间。

在自己的分区或部门中营造出“变革文化”，这么做的最小目标是让员工们不要在得知变革计划后，马上就在脑海中拉紧手刹。员工们首先要明白，我们的环境正在经历着越来越快的改变。这听起来仿佛是一个众所周知的道理，然而实际并非如此。绝大多数人并没有完全意识到改变发生的速度有多快。虽然你的员工已经感觉到越来越多的变革总会在越来越短的时间内发生，但他们并没有完全意识到这一点（参见第一章）。“变革是令人抓狂的例外事件，没有变革一切都会很平稳。”——你首先要将这个依旧流行的观念改变。

为了达到这个目标，你可以让员工从更高的视角来观察变革。如果员工真的意识到了不断变革的发展模式，并将它放在了心里，那他们会更容易将改变看成是工作和生活的正常组成部分，也会更坦然地去面对变革。

为了能让员工将变革看成是正常的，甚至积极的元素，你务必要让变革成为一个长久的课题。比如你可以做的有以下几点：

一、你要成为榜样。员工能从哪些方面发现你是一个能接受改变的人？你能用哪些行动来向他们证明这一点？以我个人为例，我相信生活本质上是美好的。一旦经历了不愉快的事，我会试着不去排斥它，而是问自己能从中学到什么。有时候我能马上获得答案，并且会以极其放松的心态来对待一件外界看来十分难办的事。而有时候，我要过上一段时间才能感受到事情背后隐藏的深意，然而在这段时间中，我也会去努力感知事情积极的一面。请拿出积极的态度来应对打击，并且不要反抗那些你无法改变的事情。

二、带来冲击感。请将第四章建议的行动执行下去（从第 77 页起）。比如你可以通过让所有员工的工作环境发生明显的改变，来昭示新元素的出现。为了让员工能够看到买方需求的转变，你需要定期联络客户。你还可以通过“最优方案对比法”（见第 88 页）来展现其他企业的发展模式。

三、邀请外部专家来访。针对“变革”“大趋势”等话题，如果预算允许，你可以邀请专业的演说家来访，他们将会讲述周围社会环境的变化速度以及变革的常态化。由于我本人的主要工作就是演讲，所以我知道，一个有吸引力的演说家能够利用自己成熟的演讲给听众带来动力。演说家最好能够通过触发听众的情感来打动他们，并利用自己的幽默让听众跟上节奏。

四、让员工们加入进来。你可以让员工们每个月轮流成为“变革及未来代理人”。这位“代理人”应当拿出一些有创意的点子来。比如口才好的员工可以先读一读著名未来学家写的书，或者从网上找一些视频看，然后以报告的形式将自己所学的展现给大家。

五、利用信息展板。你要找到一个员工们至少每天会经过一次的中心区域（比如入口区的走廊或茶水间），并将与企业的发展进程和生存环境有关的信息贴在那里。你可以把自己部门的新产品或新客户的照片贴在展板上，再附上一些有趣的文章、图表、卡通画或客户信。你还要将竞争对手的发展趋势也展示出来。然而，这样一个信息区不是由你一个人维护的，它必须成为一个汇集了众人力量的集体项目。你可以和下属领导一起思考一下，如何让这样一个项目成为可能。你可以要求员工将自己的想法和信息添加上去。为了让信息展板具有可读性，展板上的内容必须要有趣，并且必须被定期更新。一棵可以悬挂实时消息的假树，或者其他大物件，都可以作为信息展板的替代品。

通过引发针对变革的积极思考，你将帮助员工逐渐改变自己对变革的看法。

避免自负的出现

变革的一个大敌是员工的自负心理，但也可能是领导者的自负心理。自负是一种发生在潜意识中的无法被意识控制的情感。自负是指一个人过度相信自己以及自己的能力，这种感觉来源于真实或臆想的成就。这些成就可能是他本人的，也可能是其从所在企业取得的。事实上，成就卓越的企业往往都面临着一个危险，即员工中的很大一部分正处于自负的状态。即便是工作业绩中等甚至落后的员工，也可能因为企业的成就而自负。自负的人，其认知是扭曲的，他们更喜欢把成就揽到自己身上，而把责任归咎于不利的客观情况。即便成果没有出现，这种认知分裂也会让自负感持续更长的时间。

即使已经出现了明显的警示信号，自负的人往往也意识不到变革的必要性，他们可能还会弱化这些信号。如果有人让他们面对严酷的事实，他们则会拿出毫无逻辑的、根本站不住脚的反驳论据，以便捍卫自己的感受。即便是很有智慧的人，乃至大企业的董事层，都可能无法摆脱这种心理现象。如果有人向他们提出这一点，他们不仅会激烈地反驳，还会觉得自己深受侮辱。但我们如何才能将他人从自负的困境中拉出来呢？

自负是一种情绪状态。正如你所知，理性论据对情绪的改变力是很有限的。在这里我们又回到了问题的核心：变革主要涉及的是情绪，一个自负的员工不会因为听了理性的论据就将自己的情绪放到一边。也就是说，员工完全能够在理性层面上理解变革的原因，甚至会支持变革，然而这一切对他们的自负感并没有产生任何影响。自负的人喜欢把应尽的责任推给他人。员工必须要体会到变革的迫切性，并经历情绪层面的冲击，他们的自负感才会被化解。我们在第四章曾详细讨论过如何触发员工的感受。

让美好的经历出现在变革之中

作为一项变革的领导者，如果你想让员工对变革做出积极的、有建设性的回应，那么让他们在变革过程中积攒美好的经历，便是通向目标的下一步。如果员工在过去已经获得了足够多的糟糕经历，那他们一听到“变革”这个词可能就会起鸡皮疙瘩。为了让员工获得积极的经历，也为了让你获得信任，你要始终遵循下面这几条重要的准则：

· 说出自己所坚持的东西，并坚持做到自己所说的话。

· 你要坚持将符合期待的新行为展现在他人面前，以便成为员工的榜样。

· 在变革中，你的交流方式要清晰明确。

· 你对变革进程的安排要公平、透明。

· 认真对待员工，倾听他们的声音。

· 允许员工展现出他们的情绪，并在他们面前展现出自己的情绪。

· 只要条件允许，让员工加入到变革决策之中。

· 努力让员工在变革之中成为赢家。

你如何才能帮助员工成为变革中的赢家呢？一旦有机会，你就要奖励那些展现出榜样作用的，全身心投入新事物的员工。一旦预算许可，你就要长时间保证让这些员工得到加薪或其他的好处。有些员工你可能已经观察了很久，一旦他们在变革执行的过程中展现出了自己的价值，你就马上给他们升职。这些信号会传递给所有的员工。思考一下，员工在重组和混乱中度过的那些充满压力的时光，你应当如何报答。你可以为他们提供额外的假期、外出进修的机会，也可以为他们提供一项需要承担更大责任，但相对轻松的工作，以及其他所有令员工期待的东西。变革过后，资金往往都会很紧张，然而创造力会为你带来奖励员工的资源和方法。“我们如何才能在手头资金不是很宽裕的情况下，奖励那些起到了表率作用，推动了变革进程的员工？”——针对这个问题，你可以同下属领导一起来一次头脑风暴。如果六七个高人能凑到一起来想办法，那你肯定会获得一些不错的点子。

营造出期待变革的组织环境

可以想象，如果一个企业拥有七个管理层级，并且企业中没有人愿意在确保自己升职道路安稳之前做出关键的决策，那这家企业既不可能对变化做出快速的回应，也不可能主动发起一些改变。一些组织方面的前提条件会激励人们对变革做出迅速的反应。作为领导者，以下三个最关键的框架条件是你首先需要注意的：

· 将自己和员工的关注点转向外部。很多企业，尤其是比较成功、比较有名的企业，说不定什么时候就会犯将关注点转移到内部的错误。一旦它们开始更多地专注于内部程序、官僚作风以及派系内斗，而不是关注客户的需求，它们便会错过市场中出现的重要进展。要想避免出现这种情况，一个很好的办法便是让内勤部的领导们定期陪着销售部员工出去走走。

· 一旦条件允许，你要将决策权下放到具有决策能力的员工身上。[①] 这会促使员工积极承担责任，并以实践为导向，对出现的变化做出迅速的反应。你要将任务连同责任和决策权一起委托下去，并赋予员工自由决定执行方式的权利。通过这种方式，你将提升员工的自我责任感以及自控能力。

· 你要让自己的下属领导团队也参与到决策之中。时至今日，一个人做决定在很多情况下已经不再合理了。如果一个相关小组已经具备了成熟的研讨素养，那么通过小组来做决定，会让我们更好地注意并顾及一个复杂问题中的多个关键方面。除此之外，共同做决策还会提升大家对解决方案的认可度，从而加速变革的执行。

本章总结：

1. 创造一种期待改变的文化。
2. 避免自负的情绪蔓延。
3. 让美好的经历在变革中出现。
4. 营造出期待变革的组织环境。

---

① 关于这一点，你可以在 www.leadershipjournal.de 中输入“Empowerment”搜寻相关信息。

第十一章　成为变革领导者的第一步

作为变革领导者，你应当如何带领员工经历变革呢？本书已经为你提供了各式各样的具体建议。但你要清楚，一个完美的变革领导者是不存在的。发动并执行变革，绝对是一项复杂的冒险行动，我们所有人都会犯错误。

如果你能执行本书中给出的建议，那么在未来，你也会成为一位能将很多事情做对的领导者。你在阅读本书时花费的时间究竟能不能物有所值，这将完全取决于你。你现在应该正处在热情最高，也是对这个话题最熟悉的阶段。重要的是，你要将目前拥有的能量利用起来，并转化到自己的行动中去。所以，请在接下来的 72 小时内确定自己的第一个具体措施！我想为你推荐下面的步骤：

1. 个人行动计划

在一个寻常的日子中，你作为领导者，也许做不到将本书中的内容再从头到尾过一遍。所以，请连续几天都比其他大多数员工早 90 分钟到单位（见第六章），并借助书中的内容制订自己的行动计划。早起将会是值得的。请借助体现了不平衡原则的帕累托法则来确定事情的优先级（见第六章）。哪些任务具备杠杆效应，应当立即被你这位领导者处理？

2. 针对领导者的研讨活动

请按照附录中描述的那样，同你的下属领导一起组织研讨活动。通过这种方式，你将借助集体的才能制订出内容丰富详尽的措施和计划，还能同时为计划的执行赢得接受度和能量。

3. 基本的共识

请把这本书给你手下的领导们读，这样你将促成大家对“变革”这个话题达成基本的共识，并在提起“变革”时拥有共同语言。

正如你现在所知，由于人类大脑的运转机制，变革几乎总会让受到波及的人感到不舒服。但变革也会给你和你手下的领导们带来很大的机会，你可以借助一次变革来引入并执行你的个人计划。

首先，艰难的变革进程会给你这位领导者证明自己的机会。正如我们所知，只有在风暴中才能看出一名舵手的真本事。在艰难的变革进程中，领导者会良莠分明，换句话说，谁是真正的领导者，谁只是占据着领导的岗位，在这时便会一目了然。如果你能沉着地陪伴自己的团队走出风暴，那你的行动便会同时为你赢得来自上级和下级的信任，即对你人品和能力的信任。如果你还不是经验丰富的舵手，那么风暴将会为你带来凝聚自己的团队，并成为资深舵手的机会。

如果回想一下截至目前的生活，那么停留在我们记忆中，给我们打上烙印的，往往正是那些改变和更迭。在艰难的时光中，我们会继续塑造自己的人格。如果我们能够认识到，那些过去曾经令我们难受的改变，究竟让我们在个人方面取得了哪些进步，那我们便不再想抛弃它们了。古罗马哲学家塞涅卡（Seneca）曾经这样说过："只有不断经历强风洗礼的树木才会粗壮坚固，因为在顶风的时候，树根会变得越来越牢固，越来越强壮。"即便是一次令人难受的，被你当作斗争来对待的变革，也有它好的一面。关键是你要尽早看到变革中所蕴含的学习机会，而不是几年之后才有所察觉。请保持轻松的姿态，不要丢掉自己的幽默。

在变革中展现出的领导力，是中层管理者未来最重要的能力。如果你是一位真正的变革领导者，那你将会花费更少的精力达到更高的成就，而且人们也会愿意跟着你工作，尤其是在变革和更迭的艰难时期。

至此，我们已经来到了这本书的结尾。我祝愿你在自己的变革项目中获得成功，也祝你在实践的过程中收获诸多有趣的经历。你可以将自己的经历和经验分享给我。

附录　关于变革的研讨活动

在变革伊始，你可以同自己的下属领导一起开展一次研讨活动。一方面，这会帮助你成功地将团队拥有的知识和技能，以及把员工们的好主意都运用到变革过程中来；另一方面，你还能为变革的执行赢得必要的能量。你至少要为研讨活动安排五个小时的时间。根据我的经验，投入的这段时间将来一定会帮助你节省数倍的个人工作时间，并且会极大地推动变革的进行。

参与者：

由于这本书的目标群体是大区或部门经理，所以我假定参与研讨活动的人也都同样是领导者，而不是普通员工。作为大区经理，你可以同部门经理或者下属的团队领导者一起开展这次研讨活动，如果你本人是部门经理，那你就把下属团队的队长们请来吧。邀请其他人以“观点制造者”的身份来参与活动（如专家、企业工会成员，以及有较大影响力的员工等），有些时候也是有意义的。此时你要注意两点：这些额外的参与者一定要熟悉你富有建设性的工作方式，并且不会将研讨活动用于表达个人在政策方面的诉求。会议小组应当不超过 20 人。如果小组成员更多，那么活动便需要一位专业的主持人。依照我的经验，即便参与者达到三四十人，主持工作也可以做到严肃有序。

材料：

- 四个图钉挂板（板面被白纸覆盖），挂板按钉若干
- 一个配有白色书写纸的挂纸板
- 四方形的、不同颜色的提示卡片
- 挂纸板书写笔
- 相机或有摄像功能的手机（用来记录会议内容）

如果预算许可的话，我建议你不要把活动安排在一个普通的办公室中。如果你具备专业的主持才能，那你便可以亲自以领导者的身份主持活动，否则你可以把这项任务交给一位下属领导或外聘的主持人。主持的质量至关重要！优秀的主持人会努力让大家以成果为导向，严肃认真地参与活动。他会意识到什么时候应当留出时间，以便大家的疑虑都能得到充分的讨论，以及什么时候要加快速度，从而避免没有意义的车轱辘话被说来说去。所以，在接手主持工作之前，请客观地衡量自己的主持能力。下面你将看到一个模块化的研讨计划，每一个模块都包含了既定目标、活动时长和活动流程。

活动流程：

1. 介绍和寒暄（10 分钟）

目标效果：参与者感觉其自我价值得到了尊重，他们对能够参与这项重要的事件感到开心，并对此次研讨活动抱有期待。

流程：首先你作为领导者要向参与者致以问候（5分钟），并简短地介绍一下本次研讨活动的动机和目标。随后主持人（可能是你本人）介绍本次活动的日程计划（5分钟）。

日程计划

10	分钟	介绍与寒暄
40	分钟	报告和讨论
90	分钟	机遇与风险
20	分钟	休息
100	分钟	措施
30	分钟	责任确定以及信息传达
10	分钟	结束

也许这个时间安排在你看来显得过于宽松，然而实践表明，如果变革的框架清晰，并且不包含强烈的冲突与纠纷，那么每个模块大概会需要这么多时间。一旦有问题亟待讨论，那么单个模块的耗时很可能会大大延长。如果你真的能够提前完成内容，那所有人都会很开心的。然而，一旦你把时间安排得太紧，以至于不得不延长活动时间，那你便会引发不必要的恐慌和失望情绪。

2. 报告和讨论（40分钟）

目标：每一名参与者都在思想上进入了主题，他们明白了为什么带头人要发起变革，以及变革将会如何进行。

流程：开始阶段的主题定位将会从思维层面把参与者带进活动中来。如果你的同事们还不了解变革措施的内容，或者对此仅仅知道一部分，那你就用一个报告来开始吧。如果准备充分，那你的报告便不会很长。报告应当包含如下内容：

· 变革的根据；
· 变革目标；
· 执行计划以及变革过程中的“里程碑”（如果已经确定）；
· 具体哪些方面将会被改变
· 哪些方面将保持不变

之后，你要回答参与者在内容理解方面的问题，以及同他们展开相关的讨论。此时的任务还不是研究出问题的解决方案，而是澄清变革的内容。你要明确地表明，哪些措施已经被严格规定了，并必须按计划执行，而你的团队还可以在哪些措施上施加自己的影响力。如果上级制订的措施还不明确，那你可以同小组成员一起思考一下，你们能够从中推导出哪些具体的内容。一旦确定自己在计划执行方面还缺少重要的信息，那你就要同团队一起找出那些亟待明确的要点，如果这些要点不能在电话里解释清楚，那你们就得约一个新的时间来继续研讨了。你的措施计划必须以事实为基础，而不是以推测为基础。

3. 机遇与风险（90 分钟）

目标：如果环境允许的话，你手下的领导者要将自己的忧虑和恐惧表达出来，但他们也要同时看到变革计划拥有的积极潜力。

流程：主持人为参与者分组（如果可以的话，不要超过三个小组，每组 3-6 人；如果参与者少于 5 人的话，一组即可），接下来各个小组研究如下问题：

话题:	
此次变革能给我们的大区带来哪些机会？	我们应当如何积极地利用此次变革，来同时推动我们个人想法的实现?
·	·
·	·
·	·
·	·
此次变革会给我们的大区带来哪些风险?	我个人有哪些忧虑? 哪些事情是不可以发生的?
·	·
·	·
·	·
·	·

讨论的结果会呈现在图钉挂板上。如果图钉挂板贴不下这些问题的答案，参与者还可以在挂纸板上继续书写。最终，每个小组要介绍他们的讨论成果。主持人得注意，不要让大家在第一个展示结束之后就立即开始讨论相关细节。首先，所有的小组都要展示自己的讨论结果，以便让大家对相关的主题有一个总体的了解，而不是很早就迷失在关于细节的讨论中。

关于表格下半部分（即风险和忧虑）的讨论对整个进程而言意义重大！只有当这些都被详细讨论之后，我们才能在下一步开始制订相应措施。优秀的主持人明白他应当为这段讨论安排多少时间。

关键是，你作为领导者要真心想听到所有的疑虑，并对此表明自己的立场。如果参与者的疑虑被直接跳过去，即没有被你这位领导所接受，那么在接下来的进程中将会缺少执行的能量以及对责任的担当。

针对参与者的忧虑，你还可以让他们再展开一轮新的小组讨论，并给他们一个四方形表格，表格的象限中应包含如下问题：

- 哪些因素对变革不利？
- 尽管如此，我们该如何完成变革呢？
- 还有哪些因素在阻碍变革的进行？
- 我们这时又该如何完成变革呢？

你也许会觉得两组问题是一样的，然而这种对问题的重复将会令最终结果大不相同。请试试吧！

4. 措施（100 分钟）

目标：小组将制订出具体的措施，并将执行方面的责任分配给每个人。

流程：所有参与者围绕“措施墙”坐成半圆形。主持人为参与者分发空白卡片，让他们写下自己在执行措施方面的建议，之后主持人将卡片收回并打乱顺序。接下来每一张卡片都会被迅速展示给所有人看，卡片会被按照主题分类，然后贴在“措施墙”上。在看到每一张新卡片的时候，整个小组要下意识地判断卡片是包含了新内容，还是可以被归到之前的主题中去。有待研究的主题将会通过这种方式被确定下来。

图钉挂板一

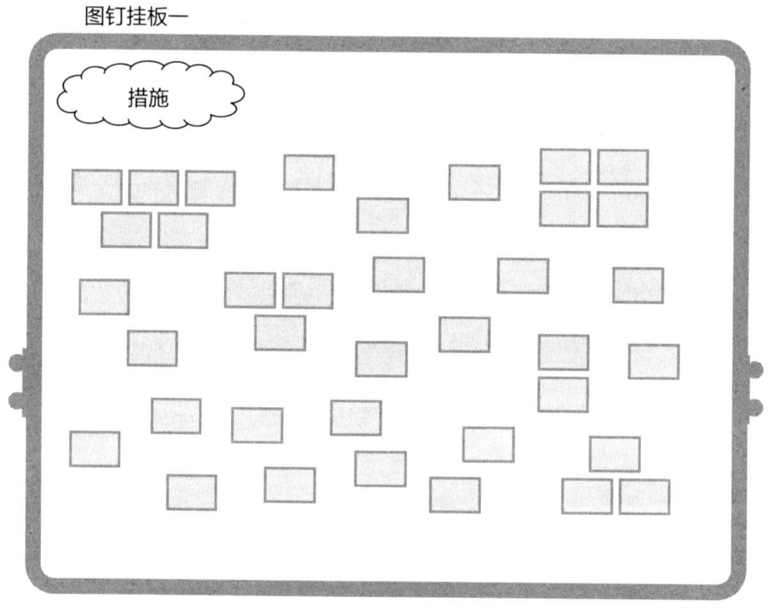

如果最终贴在挂板上的措施过多，你可以将卡片以单张或卡片组合的形式转移到下图的田字模型中。小组成员要一致决定哪一张卡片应当进入哪一个象限。在主持该环节的时候一定要保持节奏紧凑，不能出现拖沓的情况。

图钉挂板二

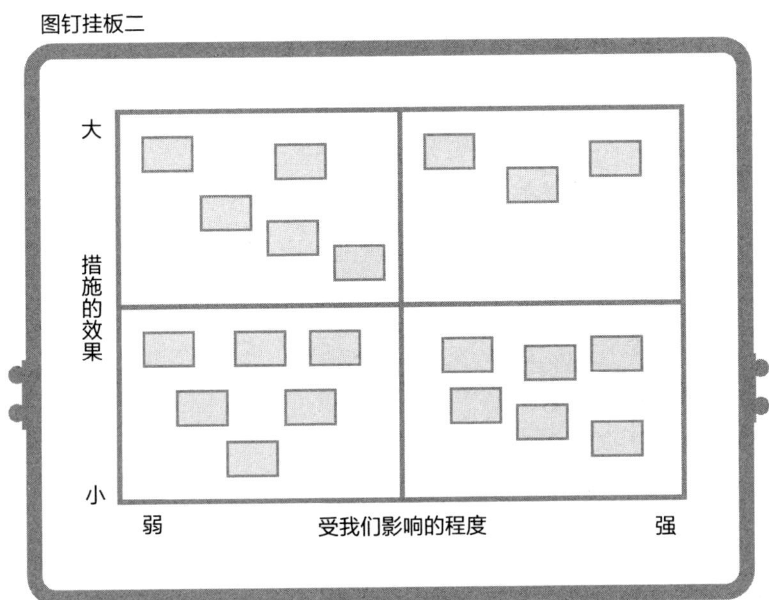

从这时起，研讨应当主要围绕位于挂板二右上方的卡片来进行。为了节约时间，主持人可以让小组直接决定哪些卡片将属于这个象限，而其他卡片则会被留在第一张图钉挂板上。被留下的卡片将不再被研究。

针对挂板二右上方出现的措施，小组将共同确定具体的执行步骤以及责任归属。主持人需要将所有的约定都填写到一张预先准备好的待办事项清单中。

如果位于挂板二右上方的卡片包含了复杂的，或者多方面的措施，那么分组研讨措施细节是一个值得推荐的方法。每个小组将会依照下图的问题设置来研讨右上区域中出现的一到两条措施。

话题：	
我们依照 SMART 原则制订了哪些目标？	我们可以确立哪些阶段性成就（里程碑）？
·	·
·	·
·	·
·	·
哪些问题是我们应当预估到的？我们将如何处理这些问题？	通向第一个里程碑的具体措施：
·	·
·	·
·	·
·	·

之后，每一个小组都要展示自己的讨论成果，并将大伙的建议都补充到图钉挂板中。借助这个方法，你将能够在短时间内制订出一个具体的行动计划。

在研讨期间，主持人要将所有已经决定的措施以及相应的负责人都填写到待办事项清单中。

重要的是，为每一项任务承担责任的那个人未必一定要亲自完成任务，但他一定要负责保证工作被执行。

只有在某些特殊情况下，如某项工作由于职位高度有要求而只能由你来完成时，你才应当亲自为其执行承担责任。比如在需要请求其他大区的经理协助时，这项任务肯定要你出马。而在此之后与该大区的合作，则又可以由其他人来统筹安排。

5. 责任确定以及信息传达（30 分钟）

目标：小组确定将同哪些人以何种方式进行内部或外部的交流。

流程：变革计划失败的原因常常是交流，所以小组成员彼此交流以及交换信息的方式，需要在这个阶段被确定下来。

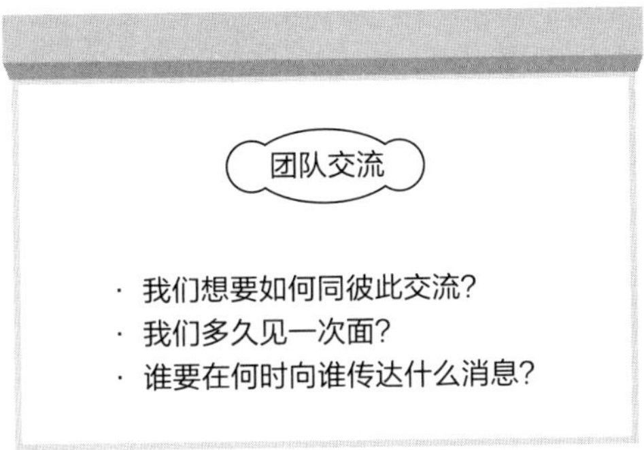

除此之外，同其他相关人员交流的方式和频率也要被讨论。

我们要将信息传递给谁			
接收者？	频率？	方式？	传递者？
员工	尽快，至少一周一次	面谈	全体人员
顶层领导者	每 14 天一次	面谈	经理
工会	一个月一次，以及在必要的时候	邮件或面谈	穆勒先生

针对这些问题，整个小组将进行公开讨论，主持人则要将结果贴在图钉挂板上，以便让大家都能看到。

待办事项清单

编号	谁?	什么事?	截止日期?

6. 结束（10 分钟）

目标：参与者要有一种自己劳动成果被尊重的感觉，并带着积极的情绪离开研讨活动会场。

流程：主持人再次对活动成果进行简要总结。你作为领导者要对主持人和参与者表示感谢。在发言的过程中，你要表现得活力十足，而且要谈到此次活动在你看来究竟带来了什么。参与者要带着一种有贡献、有收获的良好感觉离开会场（当然，实际情况也必须如此才行）。

附加模块

如果绝大多数参与者已经对计划中的变革内容有所了解，那你也可以变换一下研讨会起始阶段的形式。

“报告和讨论”（模块二）的替换形式：

假设参与者已经提前了解了变革内容以及相关的执行步骤，那么主持人可以将参与者分成 3-4 人的小组，每个小组都有 10 分钟时间来研讨下列问题：

我觉得此次变革有多大的必要？我对已经计划的执行方式有多满意？

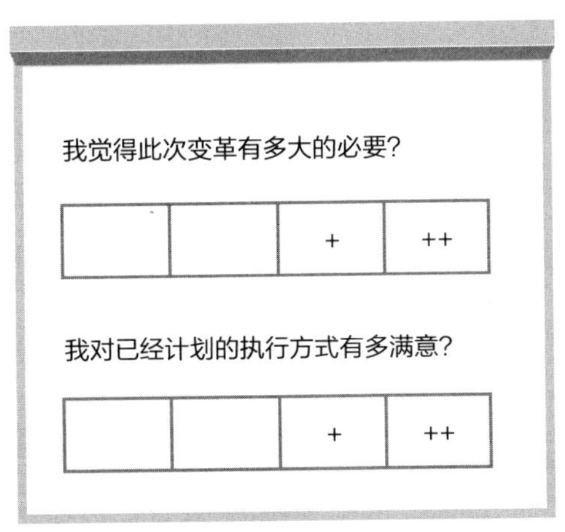

在研讨结束后，参与者要将自己的评分贴在提前准备好的评分板上。由于该过程需要匿名，所以评分板要放到别的地方，并且每个人要单独过去贴分数。主持人要在第一个人之前先悄悄贴上一个分数，过程结束后再把这个分数拿下来。因为员工们往往倾向于“保持中立”，所以你应当拿掉位于表格正中间、表示“一般”的那一格（常用“0”或“+/-”表示），这么做是为了强迫员工来选择一个趋向。这次评分会将全体参与者的立场展示给你和各个小组。你将知道，大家是否在用批判的眼光看待变革本身和变革的执行。如果有人在这个阶段已经提出了一些疑虑，那主持人此时应当先将它们记录下来（不附带评论），并将针对这些疑虑的讨论放到“机遇与风险”模块中。然而，如果大家的打分明显集中在消极的区域，那么立即针对疑虑展开讨论则是有必要的。

附加模块：“情绪过山车”（60 分钟）

目标：参与者应当对个人和同事的情绪目前所处的阶段有一个共识。

流程：如果你想让此次研讨会持续一整天，那么在第二个模块“报告和讨论”结束之后，你可以将提前准备好的、挂着“情绪过山车”的图钉挂板拿出来。参与者最好能够提前阅读本书中描写的“情绪过山车”及其六个阶段的章节。请用自己的语言简明地总结一下，“情绪过山车”的各个阶段中都包含了哪些情绪，之后你可以同你的下属领导一起讨论一下，他们本人及其手下的绝大多数员工目前正处在哪个阶段。

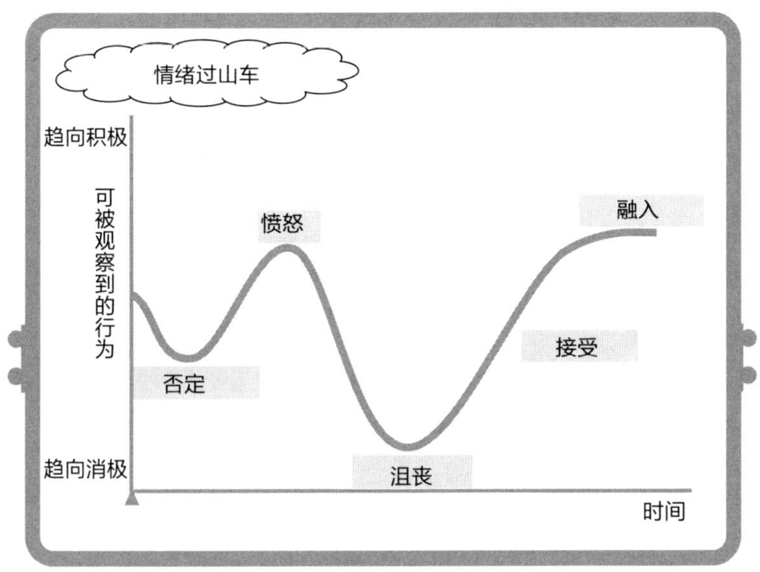

附加模块：“抵制”（60 分钟）

目标：参与者要意识到目前存在的，或可以预见到的抵制，并制订出具有创造性的方案来加以应对。

流程：如果变革已经开始，并且员工中已经出现了抵制的苗头，那你可以将该主题当成研讨的重点内容之一。将“机遇与风险”模块中的图钉挂板换成下面这一幅，然后按照之前介绍过的流程，将具体的措施呈现在挂板上。

话题:	
目前已经出现 / 预计将会出现哪些形式的抵制？	我们应当如何应对?
·	·
·	·
·	·
·	·
站在涉事员工的立场上，我们会有哪些期待?	我们要做到哪些事情?
·	·
·	·
·	·
·	·

自己设计的附加模块

本书中蕴含的启迪将会帮助你设计额外的、属于你个人的模块，比如针对下面这些有趣的问题：

· 我们将来要引入些什么，以便能够简化变革流程（长期或仅在变革期间）？

· 我们如何为员工减轻负担？

· 前期成果可以借助哪些措施来实现？

· 我们应当如何奖励新出现的、符合期待的行为方式？

致谢

首先我要感谢我的妻子谭雅（Tanja），她在本书出版阶段给予我的支持，是一名作者可遇而不可求的。她用自己的信心和良好的情绪，战胜了那些在创作过程中时常出现的困难阶段以及由此产生的负担。她不仅是一位出色的妻子，同时也是一位组织方面的天才。

我非常感谢自己的团队。能被本事比自己大的精英们包围，这种感觉真是太美妙了。感谢校园出版社的尤利安·瓦格纳（Julian Wagner）给予我的大力支持，以及那些激励人心的交谈。感谢来自德莱艾希（Dreieich）的翻译官玛丽·安娜·范·门斯（Mary Anne van Mens）。通过对文字和逻辑提出质疑，她给了我很多启发，除此之外她还对本书的行文风格进行了修改。校审官马里昂·屈梅尔（Marion Kümmel）完成了对本书手稿的终审，他的校审展现出了令人难以置信的细致和缜密。谢谢托马斯·普拉斯曼（Thomas Plaβmann）为本书创作的那些优质的漫画，他的漫画一如既往地展现出了恰到好处的幽默。他们四个人为我的创作带来了灵感和激励。

在此我还要感谢海德玛丽·格吕内瓦尔德（Heidemarie

Grünewald），感谢她同我进行的那些幽默的谈话，以及她针对"变革"这个话题的明智见解。我同样非常珍惜与教授马库拉·克林格哈弗尔博士（Prof. Dr. Markku Klingelhöfer）进行的那些十分有趣的经验交流，这赋予了我很多灵感。我的岳父于尔根·克罗伊策菲尔特（Jürgen Kreutzfeldt）、岳母赫尔加·黑尔夫曼（Helga Helfmann）以及我们的朋友英格·蒂勒（Inge Thiele）在时间方面为我减轻了很多负担，这也让我感到十分欣喜。

最后，我的雇主，以及我过去结识的领导者和员工们也同样重要。我感谢他们的信任，感谢同他们进行的那些有趣的交谈，也感谢能与他们相遇。

亚历山大·格罗斯

亚历山大·格罗斯（1970－　）是德国演说家、作家和训练师，他是"德国一百位最杰出的演说家"之一。在演讲的过程中，他能够为领导者注入新的动力。18 年的讲师和训练师生涯令他的每一次登台都不同凡响：他的演讲诙谐幽默、鼓舞人心，并散发着力量。

作为获得评分最高的外聘讲师（1.1/1.0[①]），格罗斯先生已经连续两次获得慕尼黑工业大学企业经济学院颁发的"最佳教学奖"。

---

① 德国评分系统分数越低成绩越高，1.0 分为最高分，5.0 分为最低分，1.1 分是极佳的分数，已经接近满分。

图书在版编目（CIP）数据

轻松做中层 / (德) 亚历山大・格罗斯著；杨耘硕译. -- 北京：北京联合出版公司，2018.7（2018.8重印）

ISBN 978-7-5596-2217-4

Ⅰ. ①轻… Ⅱ. ①亚… ②杨… Ⅲ. ①企业领导学 Ⅳ. ①F272.91

中国版本图书馆CIP数据核字（2018）第110041号

著作权合同登记号 图字：01-2018-3244

轻松做中层

作　　者：（德）亚历山大・格罗斯
译　　者：杨耘硕
总 发 行：北京时代华语国际传媒股份有限公司
责任编辑：管　文
封面设计：红杉林文化
版式设计：姜　楠

北京联合出版公司出版
（北京市西城区德外大街83号楼9层 100088）
北京中科印刷有限公司印刷　　新华书店经销
字数160千字　　690毫米×980毫米　1/16　　16印张
2018年7月第1版　　2018年8月第2次印刷
ISBN：978-7-5596-2217-4
定价：49.00元